樹脂粘土でつくる
野に咲く小さな花

川口紀子

野山や路傍に咲く花を、近寄ってじっと見つめると、小さいながらもあれこれ装いを凝らしているのには驚かされます。

思わず「おしゃれさん！ 香水までつけて」と語りかけてしまいます。さまざまな花に、「私もあなたのようでありたい」と話しかけながら、樹脂粘土でいろいろと作ってみました。そのごく一部ですが、ご覧いただきたいと存じます。昔から日本中の野山で見かける草花がほとんどですが、そのほかに、毎年出かける「海外・花の旅」で私が出会った花も仲間入りしています。

初夏に訪れたベルギーのデルビュイは、世界一小さな街といわれ、美しいおとぎ話の世界にいるようでした。街中の空き地や、石垣のすき間からも、白いセラスチウムがレースのように低く群生していました。南仏の静かな山村、シミアン・ラ・ロタンドゥのバラ園では、清冽なまでに白い花をつけたジャスミンの茂みが印象的でした。

早春のチェコやドイツでは、ムスカリと八重咲き水仙が、英国の牧草地では素朴な黄色いプリムラが、見る者の心を温かくしてくれました。どの国も、昔ながらの自然をことのほか大切にしていて、草花も幸せそうでした。

樹脂粘土は透明感があり、薄く伸びて細工がしやすいため、小さな花の制作にも最適です。本書を参考にして、皆様が草花と楽しく語り合いながら、オリジナルな花をたくさん作っていただければ幸いに存じます。

春 spring

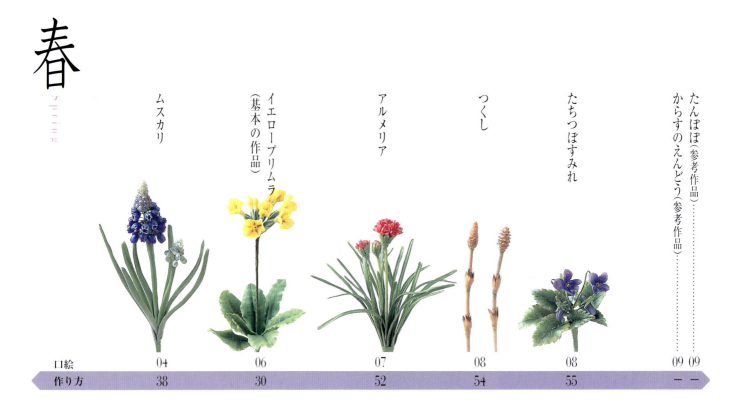

夏 summer

c o n t

秋 Autumn

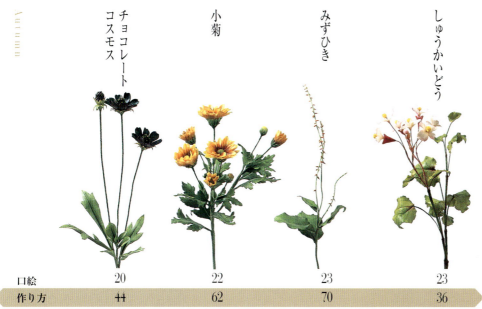

冬 Winter

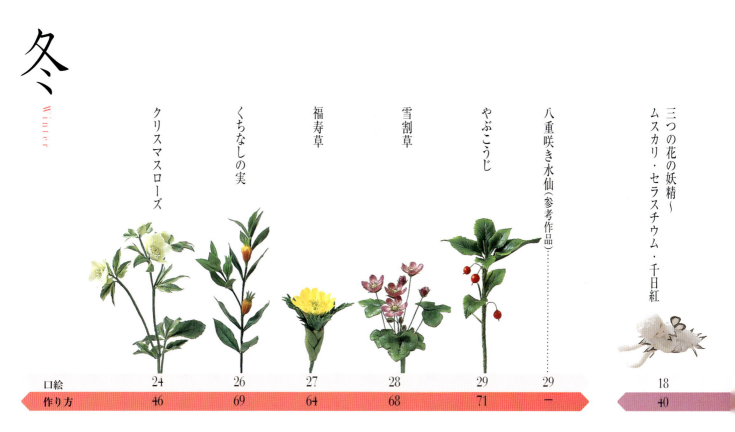

e   n   t   s

昨日まで何もなかった散歩道の両わきに、
今日は可憐な花の香りが広がっている……
春は、いつも小さな驚きと幸せを連れてきます。

Spring

ムスカリ

作り方38ページ
鉢植えとして、春になると
花屋さんに出回るムスカリ。
南ドイツ・ボーデン湖の花の島、
マイナウ島では、
一面に淡い青紫色が広がっていました。
よく見ると、小さいベルのような花が
下を向いて、ぶどうの房のように
たくさんついています。

イエロープリムラ

基本の作品
作り方30ページ
春まだ浅い英国の田園を彩る黄色いプリムラ・ベリス。
実に温かい雰囲気をもつ、私の大好きな花です。
ていねいに作り方を紹介していますので、
基本のテクニックがこの花でマスターできます。

アルメリア

作り方52ページ
和名は「はまかんざし」。
ピンクの小さな花が
たくさん集まって丸く咲き、
ほんとうにかんざしの飾りのよう。
粘土の花なら、
こんなに楽しいアレンジもできます。

作り方54ページ
枯れ草の中から芽吹く
つくしんぼうを見るたびに、
なぜか胸が弾みます。
小さな鉢に植えて、家の中でも
土の恵みに感謝します。

たちつぼすみれ

作り方55ページ
すみれは、
いろいろな思い出を
呼び起こす花。
幼いころ大好きだった
野原でのすみれ摘み。
少女時代は、小さな花束を作り
プレゼントに添えて……。

からすのえんどう

参考作品
野の花の中でも
美少女の風情がある花。
細長いハート形の葉も
きちんと並び、
愛らしい豆も
ついています。

たんぽぽ

参考作品
太陽を浴びて
黄金色に輝くたんぽぽ。
のこぎりの歯のような
切り込みの葉は
クッションのよう。
茎も太く上を向いて咲く
元気あふれる花です。

明るい日差しの中で咲く花は、
美しさの中に強さを秘めているような気がします。
よく花を観察して、そのエネルギーを感じるところから
花作りが始まります。

夏

S u m m e r

千日紅

作り方35ページ
オレンジ色のポンポンが
ほんとうにかわいい花です。
ピンクや赤もあり、暑さの中でも
鮮やかな色が長もちすることから、
この名がつきました。
とても簡単に愛らしく作れますので、
初めての方におすすめ。

11

てりはのいばら

作り方58ページ
川辺や海辺に咲く、
清楚な一重ののいばらで、
無数の小さく艶やかな葉が特長です。
海辺を歩いていても、
きっと見過ごしてしまいそうな
ひかえめな花ですが、
作ってみると
こんなに上品で
華やかになりました。

作り方56ページ

ひめゆり

『万葉集』にもうたわれ、
昔から野の花として愛された小さなゆり。
幼いころ、夏草の茂みにひっそりと
伸びて咲くこの花に出会い、
一人で見るのがもったいないくらい美しく、
思わずお友達を呼びに行きました。

作り方59ページ
南フランスの山村、シミアン・ラ・ロタンドゥで見つけた
ジャスミンを、忘れないうちにと、帰って急いで再現しました。
作りながら、周囲に咲いていたバラの色、山々の美しい景色、
風のそよぎまで思い出されました。
鉢植えでよく見かけるハゴロモジャスミンより大きめの花です。

ジャスミン

セラスチウム

作り方60ページ
ベルギーのデルビュイは、
渓谷にすっぽりと包まれた美しい街。
街のそここここに、白いセラスチウムが
地を覆うように群生していました。
このはかなげな白い花の上を、
妖精たちが夜明けまで
遊ぶ姿が目に浮かびました。

どくだみ

作り方61ページ
名前や独特の香りから、敬遠されがちでかわいそう。
よく見ると、とてもおしゃれな花なのです。
深緑の葉は、すそに少しえんじ色がかかり、
白いすっきりとしたほうの映えること。
作って贈り物にしても喜ばれます。

つゆくさ

参考作品
朝つゆに濡れて咲くつゆくさ。
青い青い花びらに、
黄色いしべのコントラストは
心にしみる美しさです。
お昼すぎには
はかなくしぼんでしまいます。

ねじばな

作り方67ページ
小さなねじばなの花は、
近寄って見ると
その美しさに息をのみます。
摘んでしまえば短い命ですが、
手作りの花なら
大切な方への贈り物に
1輪添えて。

ムスカリの妖精

セラスチウムの妖精

千日紅の妖精

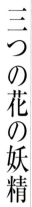

三つの花の妖精

セラスチウムの妖精の作り方40ページ
野に咲く花が、時にほほえんでいるようだったり、
うつむいて寂しそうに見えたりするのは、
きっと妖精がすんでいるから。
耳をすませば、ささやきが聞こえてきそうです。

さりげなくてひかえめで、秋の花は
まさに「野の花」という風情を感じます。
色合いも微妙なものが多いので、
自然な感じに仕上げましょう。

作り方++ページ
ビロードのような深い色合いが大人っぽい、
チョコレート色のコスモス。
つぼみや開花したものだけでなく、
花びらが落ちたものも混ぜると、
少し寂しい秋の風さえ感じられそうです。

チョコレートコスモス

小菊

作り方62ページ

昔からおなじみの花ですが、
最近は外国からモダンな新種が入ってきています。
オレンジがかった黄色にえんじのアクセントがついた
スプレー菊をたくさん作り、無造作に飾ってみました。
おしゃれな秋の雰囲気が漂います。

みずひき

作り方70ページ
遠くから見ると、
ただ細い赤い線に見えるみずひき。
そばで見ると、ごく小さな赤い花が
無数についています。
つぶつぶを作ってつけるだけですので、
意外に楽な作業です。
花が落ちて茎に何も
ついていないものも作って、
デリケートな美しさを再現しました。

しゅうかいどう

作り方36ページ
ピンクに染まった茎と、
薄紅色の小さな花が、そろいもそろって皆、
うつむき加減に咲き、秋風にゆれている姿は、
寂しげですがエレガント。
中国から伝わったベゴニアの一種です。

冬

冷たい空気の中でこそ、
凛として映える花の美しさもあります。
また、冬はクリスマスやお正月など、
花を飾る機会が多く、作る楽しみも増えます。

Winter

作り方→6ページ

クリスマスローズ

紀元前の古代ギリシアの時代から
栽培されていた、
長い歴史を持つクリスマスローズ。
厳しい寒土にも耐える健気な花です。
左ページは盆栽仕立てに、
右ページはセラスチウムと合わせて
ブライダルブーケにしてみました。

くちなしの実

作り方69ページ
くちなしは、サービス満点の花です。
夏には最高級の香りとともに、
美しい純白の花を、
寒い季節になると
見事なオレンジ色の実をつけ、
その実から黄色い染料まで
提供してくれます。
熟した実の頭には、淡緑色のがくが
冠のようについていて、
数ある赤い実の女王様のようです。
リースに仕立てて、
ちょっと大人のクリスマスを演出。

福寿草

作り方64ページ

「元日草」とも呼ばれ、
旧暦のお正月ごろに
黄金色の花を咲かせます。
めでたい新年を飾るにふさわしく、
鉢物に仕立てました。
油粘土やコーヒーかすを使って、
簡単ながら立派に仕上げることができます。

雪割草

作り方68ページ
その愛らしさから、
早春の妖精というニックネームを持っています。
山里で、雪の中から顔を出し、
春の訪れを告げる可憐な花。
ピンク、紫、白、藤色など
さまざまな美しい花色が勢ぞろいします。

作り方71ページ

やぶこうじ

真っ赤な実が、鳥に
見つからないよう、
葉の下に隠れるように
ついています。
小さな赤い珊瑚玉と
緑の葉のコントラストが
冬だけに美しく、
お正月の飾りとして古くから
愛されてきました。
鉢植え仕立てにすれば、
和風の部屋にも
モダンな部屋にも合い、
お正月気分が味わえます。

八重咲き水仙

参考作品
水仙は私の大好きな花です。
特に八重咲きは
華やかで優雅な姿形が
チャームポイント。
早春のチェコやドイツでは、
ほとんどの家の花壇に
咲きそろい、種類も豊富。
最近の日本ではあまり
見かけないだけに新鮮でした。

29

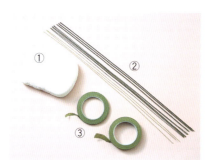

作品06ページ　基本の作品

イエロープリムラの作り方

🌼用具、粘土の扱い方の基礎は49〜51ページ参照。

材料（3株分）
①樹脂粘土…300g
②造花用ワイヤー
　…24番　7本（花の茎）・22番　6本
　（葉の茎）・16番　3本（太い茎）
③造花用テープ
　…ライトグリーン　半幅・広幅
油絵の具

① 粘土に色を練り込む

❶粘土を練って直径4〜5cmの玉にし、中心をくぼませて、黄色の油絵の具を0.5cmほど出す。

❷手に絵の具がつかないようによく練り込み、少し淡い黄色に仕上げる（乾くと濃くなる）。花に使用する。

❸7cm玉の粘土に、緑と深緑を1cmずつ出して練り込み、緑を作る。葉に使用する。

❹3cm玉の粘土に③と同じ色合いの緑の粘土を2cm玉混ぜて淡い緑を作る。がくとほうに使用。

花　　　葉　　　がく・ほう
4〜5　　7　　　3.5

❺必要な粘土の準備の出来上がり。

② 茎を用意する

❶24番ワイヤーに半幅の造花用テープを巻き、ペンチで4等分にカットする。

❷片方の先端をペンチではさんで折り曲げる。折った部分をペンチではさんで輪を締める。これを「フックする」という。1枝分として9本用意する。

③ 開花を作る

❶黄色の粘土を1cm玉にする。

1

❷粘土をてのひらで転がしながら、下側を細くしたなみだ形にし、上側を指でつまんでとがらせて形を整える（上がふくらみ、先がとがったなみだ形）。

2.5

❸太い方をはさみで5等分に、長さの半分弱までカットする。最初に2等分より片方を小さく切り、小さい方を2つにカットする。次に残っている大きい方を3等分にカットすると5等分にできる。これが5枚の花びらになる。

❹③でカットした花びらの内側に細工棒を当てて押してつぶす。さらに細工棒を横に転がしながら花びらを薄く広げる。5枚全部同様にして広げる。

V字にカット

❺花びらの先を0.2cmほどV字にカットし、この部分に細工棒を横に転がしてさらに薄くする。

❻はさみの刃を花びらの中央に押し当てて、真ん中ぐらいまで筋をつける。

❼花びらと花びらの間を奥の方までカットして切り開く。

❽花びらの裏側に竹ぐしを押しつけて左右に3本ずつ筋をつける。

❾花びらの先を内側に向け、花びらが少し重なるようにして形をつける。

❿中心に細工棒を刺して、転がすように回しながら下まで穴をあけ、空洞を作る。

⓫茎のワイヤーのフックした部分にボンドをつける。花びらの中心にフックしていない端から通し、フックした頭が少し見えるぐらいまで下に引く。花びらの根元を押さえて、ワイヤーになじませる。

⓬花びらの奥をはさみの先で上から中心に向かって粘土を寄せる。開花の出来上がり。1枝分として5本作る。

④ 半開花・つぼみを作る

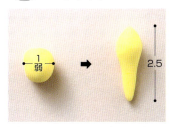

❶半開花を作る。黄色の粘土を1cm弱の玉にし、長さ2.5cmの写真のようななみだ形にする。

❷花の作り方は開花と同様。花びらを重ねて少しすぼめたものと、重ね方を多くしたものを1枝分として1本ずつ作る。

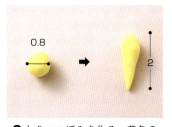

❸大きいつぼみを作る。黄色の粘土を0.8cm玉にし、長さ2cmのなみだ形にする。

❹なみだ形の太い方を3つにカットし、細工棒で花びらの形に広げる。花びらの先をV字にカットし、裏側に竹ぐしで筋をつける。

❺花びらを固く重ね合わせる。

❻茎のワイヤーのフック位置にボンドをつけ、根元から差し込む。指で根元をつまんでなじませる。1枝分として1本作る。

❼固いつぼみを作る。黄色の粘土でなみだ形を作り（③と同じ）、太い方をはさみで軽くはさんで、4本の筋をつける。茎のワイヤーを根元から刺して仕上げる。1枝分として1本作る。

開花　半開花　つぼみ　大　小

❽各パーツの出来上がり。

⑤ がくを作る

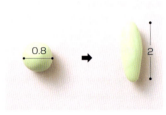

❶淡い緑の粘土を0.8cmの玉にし、長さ2cmのころっとしたなみだ形にする。

❷上側を5等分して0.5cmの切り込みを入れる。

❸カットした部分に内側から細工棒を押し当て、少し広げる。

❹花の根元にボンドをつけ、がくの上から通す。根元にかぶせ、指で押さえてなじませる。

❺竹ぐしで②の切り込みの延長線上にくぼみをつける。切り込みの間をピンセットでつまんで盛り上げる。

❻つぼみ・半開花にも同様にしてがくをつける。乾かしておく。

⑥ 葉を作る

❶22番ワイヤーに半幅の造花用テープを巻き、4等分にカットする（1枝に6〜8枚の葉をつけるので18〜24本用意する）。

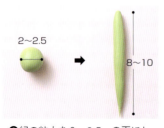

❷緑の粘土を2〜2.5cmの玉にし、長さ8〜10cmのひも状にする。

❸マットの間に②をはさみ、ミニプレスで押して4〜5cm幅に伸ばす。

❹マットの上から縁を軽く指でこすって薄くする。

❺綿棒で葉の縁を外側に引っ張るようにして刻みを出す。

❻いちごの葉型の上に❺の葉をのせ、指で押して葉脈をつける。

❼ナイロンたわしの上に❻の葉の葉脈をつけた面を下にしてのせる。細工棒を1cm幅間隔に押しつけるように転がして、ボコボコした感じを出す。

❽裏から細工棒を転がすようにして縁だけを薄くし、少しフリルをつける。

❾①のワイヤーにボンドをつけ、葉の長さの半分のところまで押しつけ、後ろ側でワイヤーをつまむようにして接着する。葉の先までつまんで形をつける。

❿スタイロフォームの上にティッシュペーパーを敷き、葉が少し反るようにして置き、半日ほど乾かす。18〜24枚の葉を全部作る。

⑦ 着色をする

❶ラップフィルムの上に使用する油絵の具を出す。左から黄色、山吹色、オレンジ色、茶、若草色、白、緑、グレー系緑、青、えんじ色。

❷花は花の表・裏全体に黄色で薄く、絵の具を伸ばすように平筆で地塗りする。

❸同じ筆に山吹色をつけ、花びらの下の方から中ほどを塗る。裏側も中央から下側を塗る。

❹オレンジ色と茶を混ぜ、花の内側中央を下から上に向かって細長い三角形に塗る。裏側も同様に塗る。

❺さらに茶で中央の下の方を塗る。裏側も同様。

❻若草色を中心のフックのところに細筆で塗り、中心に粘土を寄せたところを白で塗る。

❼グレー系緑でがくを薄く地塗りする。

❽平筆に白をつけ、筆を横にして
がくの出っ張っている部分を塗る。

❾半開花は黄色で地塗りをし、外
側だけ開花と同様に着色をする。
つぼみは地塗りをしてから上に軽
く山吹色を塗る。

❿グレー系緑に緑を少し入れて、
葉の表側だけに薄く地塗りをし、
緑と青を混ぜたもので葉の中央を
濃く塗る。

⓫葉の付け根から葉先に向かって
中心を$\frac{2}{3}$ぐらいまで白で塗る。乾
かす。

⑧ 組み立てて、仕上げる

❶半開花・つぼみを束ね、外側
に開花の茎を2cmほど高く出して
添え、半幅テープで2cmぐらい巻
き下ろす。その下で、茎が太くな
らないように4本ぐらいカットし
て間引く。

❷16番ワイヤーを$\frac{2}{3}$にカットし
て、間引いた茎の下に添える。広
幅テープで下まで巻き下ろす。

❸ティッシュペーパーを3cm幅
に裂く。縦に2つに折り、茎の細
い部分に巻く。

❹③の上に広幅テープを2度巻
く。ペンチの背でこすってツルツ
ルにする。

❺ほうを作る。淡い緑の粘土を
1cm強の玉にし、先のとがった長
さ2cmのなみだ形にする。とがっ
た方を10等分に深くカットし、細
工棒で広げて、中心に穴をあける。

❻④の花の根元にボンドをつけ、
⑤の上から刺す。付け根を指で押
さえて整える。

❼花を指で軽く外に向ける。花
のいちばん上から20cm下に、葉
を茎をはさんで3枚向かい合わせ
に添え、広幅テープで巻く。さら
に葉が重ならないように3〜4
枚の葉を添え、テープを巻き下ろ
す。

❽えんじ色をほうの付け根にか
かる位置から茎の半分まで塗る。
出来上がり。

作品10ページ
千日紅の
作り方

💭用具、粘土の扱い方
の基礎は49～51ページ
参照。

材料（5枝分）
樹脂粘土…300g
造花用ワイヤー
　…16番　2本（茎）・20番　8本（花穂の
　茎）・22番　8本（中・小の花穂の茎）
　・24番　10本（葉の茎）
造花用テープ
　…ライトグリーン　半幅・広幅
油絵の具

① 粘土に色を練り込む

花穂　　　　葉　　　若い花穂
●―7―●　　●―6―●　　●2●

花穂は7cm玉の粘土にオレンジ色を1cm強
出して練り込む。葉は6cm玉の粘土に緑と
グレー系緑を1cmずつ出して練り込み、緑
を作る。若い花穂は葉の色の粘土2cm玉に、
無色の粘土を適宜加えて淡い緑にする。

② 花穂を作る

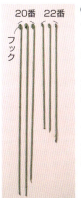

20番　22番
フック

❶20番・22番ワイヤーに半幅テープを巻く。大の花穂は20番ワイヤーを2等分、中・小の花穂は22番ワイヤーを3等分にカットし、それぞれにフックをして1枝分として3本ずつ用意する。

❷大の花穂を作る。オレンジ色の粘土を約2cm玉にし、20番ワイヤーのフックにボンドをつけて差し込む。2/3ぐらいまで刺し、根元の粘土を指で押さえて茎になじませる。

❸根元からはさみで0.3cm幅に横にカットする。3列目までは列をそろえてカットし、4列目からは、前段の間もカットし、上の方の段はまた列をそろえる。1枝分として3本作る。

❹中の花穂は1～1.5cm玉（オレンジ色）で2本、小は0.8cm玉（淡い緑）で1本作る（どちらも1枝分）。乾かす。

③ 葉を作る

❶24番ワイヤーに半幅テープを巻き、4等分にカットする。1枝分として8本用意する。

6～7　→　4

❷大の葉を作る。緑の粘土を2cm玉にし、先がとがったひも状のなみだ形にする。4cm幅にプレスし、いちごの葉型に当てて葉脈をつける。

❸裏を出し、縁にフリルをつける。

❹ワイヤーにボンドをつけ、葉の中央に当てて、裏からワイヤーをつまんで接着する。1枝分4枚作る。

1.5　→　5　→　3～3.5

❺中の葉は、写真の寸法に粘土を形づくり、②～④の要領で葉を仕上げる。1枝分4枚作る。

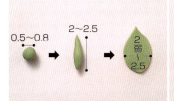

0.5～0.8　→　2～2.5　→　2弱～2.5

❻花穂の下につける葉を作る。大（小）は緑の粘土を0.8（0.5～0.6）cm玉にし、先のとがったなみだ形にしてから、2.5（2）cm幅にプレスする。②～③の順序で作り、葉の根元を裏からつまんで形づくる。大・小各6枚ずつ作る。

❼⑥の葉の根元にボンドをつけ、花穂の付け根に茎のワイヤーをはさむようにしてはり、指で押さえて接着させる。もう1枚の葉を向かい合わせにしてはる。6本の花穂全部につける。

④ 着色をする

❶ラップフィルムの上に使用する油絵の具を出す。左から黄色、オレンジ色、朱色、ぽたん色、白、緑、グレー系緑、青。

❷大の花穂はオレンジ色と黄色を少々混ぜて、地塗りをする。次にオレンジ色と朱色を混ぜて、上の方に塗る。

❸ぽたん色と朱色を混ぜて、中ほどより上の方をさらに塗る。白に近い黄色を作り、上部のとがっている部分にチョンチョンとつける。

❹中の花穂は、オレンジ色・黄色・白を混ぜて、淡く地塗りする。次に上部にオレンジ色を塗り、部分的に朱色をつける。

❺淡い緑の花穂は、緑と白を混ぜて地塗りをし、オレンジ色を上部に部分的に塗る。

❻小さい葉は、緑とグレー系緑を混ぜて表側のみ薄く地塗り。中心に緑を塗り、白線をサッと入れる。同様にして花穂の下の葉を全部着色する。

❼葉は、緑とグレー系緑を混ぜて表側だけに地塗り。緑と青を混ぜて、中心の葉脈に沿って下の方に塗り、さらに中央に白線を下から上に向かって入れる。

⑤ 組み立てて、仕上げる

❶大・中・小の花穂を写真のように組んだものを2本作り、半幅テープで固くひと巻きする。次に中の葉を2枚向かい合わせに当て、テープで下まで巻き下ろす。

❷①の2本を束ねて半幅テープでひと巻きする。ひと巻きした位置に大の葉2枚を向かい合わせに当て、テープでひと巻きする。4等分にカットした16番ワイヤーを添え、半幅テープで巻き下ろす。

❸②の大の葉の2cm下に対称にして残りの大の葉2枚を当て、広幅テープで二度巻きする。出来上がり。

作品23ページ

しゅうかいどうの作り方

🖐用具、粘土の扱い方の基礎は49〜51ページ参照。

材料（1枝分）
樹脂粘土…黄色1cm玉（花しん）・ピンク3cm強玉（花）・濃いピンク（ピンクを多めに入れる）2cm玉（ほう）・緑4cm玉（葉）
造花用テープ…ミントグリーン・ライト

グリーン　半幅・広幅
造花用ワイヤー…22番　2本（大きい葉の茎）・24番　4本（花の茎・小さい葉の茎）・16番　2本（太い茎）
油絵の具

① 花しんを作る

❶24番ワイヤーにミントグリーンの半幅テープを巻き、4等分にカットする。ワイヤーの頭にフックを作り、ボンドをつけて0.5cm玉の黄色の粘土に通す。花粉は黄色の粘土を半乾きにしてからおろし金でおろして作る。花しんにボンドをつけて花粉をまぶす。

❷①の花しんの茎とフックしたワイヤーにピンクの油絵の具を塗る。フックだけのワイヤーはつぼみのしんになる。

② 雄花・雌花を作る

❶雄花を作る。淡いピンクの粘土を0.8cm玉にし、しんのワイヤーのフックにボンドをつけて差し込む。先をつまんでとがらせ、周りは指でつぶして平らにし、逆ハート形にする。

❷雌花を作る。ピンクの粘土を1cm玉にし、長さ2cm弱のころっとしたなみだ形にする。太い方を大きい花びらと小さい花びらの2つずつにカットする。

❸細工棒で薄く広げる。大きい花びらに角棒を転がして筋をつける。

❹花しんの根元から0.8cm下にボンドをつけ、③の開花を通す。花しんが浮くように根元から0.5cm下に接着する。子房のない花の出来上がり。1枝分で4輪作る。

③ ほうと子房を作る

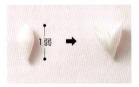

❶雄花のほうはピンクの粘土を0.5〜0.6cm玉にし、長さ1cm弱のなみだ形にする。2つにカットして薄く伸ばす。

❷雄花の茎から2cm下にボンドをつけ、①を刺して接着する。1枝分で1輪作る。

❸雌花の子房は濃いピンクの粘土を1cm弱の玉にし、長さ2cmのころっとしたなみだ形にする。太い方を指でつまんで伸ばし、上から見るとY字のように角の飛び出た三角すいを作る。

❹雌花の茎にボンドをつけ、③を通し、くぼんでいる部分に3か所筋をつける。1枝分で3輪作る。

④ 葉を作る

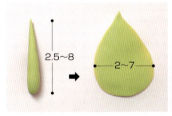

❶ワイヤーの24番は小の葉、22番は大の葉の茎に使用し、ライトグリーンの造花用テープを固く巻き、4等分にカット。緑の粘土を0.8〜2cm玉にし、先の細いなみだ形にする。幅2〜7cmにプレスし、あじさいの葉型に当てて、葉脈をつける。

❷アンバランスに左右をカットし、周りは竹ぐしで粘土を引っ張ってギザギザにする。裏に返して縁にフリルをつける。

❸ワイヤーにボンドをつけて中央にはり、裏からつまんで接着する。大・中・小の葉を混ぜて1枝分で10枚作る。

⑤ 仕上げる

雄花、雌花、雄花のほう　白とピンクを混ぜて地塗り。縁と根元にピンクをかける。

雌花の子房　ピンクで地塗り。ピンクとえんじ色を混ぜて下部に塗る。

花しん　黄色で全体を塗り、山吹色を上にかける。

花の茎　えんじ色を塗る。

葉　緑と若草色で地塗り。緑と若草色を混ぜて縁にかけ、根元にえんじ色を塗る。

葉のついている茎　えんじ色を部分的に塗る。

着色が済んだら、写真を参照し、16番ワイヤーを添えて組み立てる。

ムスカリの作り方

☘用具、粘土の扱い方の基礎は49〜51ページ参照。

材料（1株分）
樹脂粘土…80g強
造花用ワイヤー…20番　1本(太い茎)・26番　11本(花・葉の茎)
造花用テープ…ライトグリーン　半幅
油絵の具

① 粘土に色を練り込む

小さい花	開花	つぼみ	葉・茎
-2-	3強	-2-	-4-

小さい花は2cm玉の粘土に緑を少し混ぜ、淡い緑にする。開花は紫+青+淡い藤色を練り込み、3cm強玉の青紫にする。つぼみは2cm玉の粘土にグレー系緑を少し混ぜる。葉・茎は4cm玉の粘土に緑+深緑を混ぜてくすんだ緑にする。

② 花を作る

❶開花を作る。青紫の粘土を0.5〜0.6cm玉にし、長さ1cm強のころっとしたなみだ形にする。とがった方に細い細工棒を入れ、回しながら広げる。

❷外側から中心に向かって細工棒を押しつけながら口をすぼめる。

ボンド

❸26番ワイヤーはテープを巻かずに6等分し、固くフックする。20〜30本くらい用意する。ワイヤーを花の上から刺し、フックにボンドをつけて下に引き、根元に接着する。

❹小さい花は薄い緑を0.5cm玉弱にして、開花と同様にして作る。

❺開花は20〜30輪、小さい花は10輪作り、スタイロフォームに刺して乾かす。

③ 葉を作る

ワイヤー

❶くすんだ緑の粘土を1cm玉に丸め、3cmの棒状に伸ばす。26番ワイヤーを3等分にカットし、薄くボンドをつけて差し込む。

❷手のひらで転がして伸ばし、テーブルの上にのせ、プレス板で転がして8〜13cmぐらいの長さまで伸ばす。先の方に力を入れて、ワイヤーが隠れるようにする。

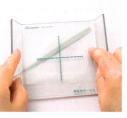

❸プレスをして幅0.8cmにする。

❹細工棒に押し当てて、カーブをつける。そのまま外側にはさみの刃で軽く筋を数本つける。内側も細工棒をはずして筋をつける。同様にして7枚作り、乾かす。

④ 着色をする

❶開花に着色をする。紫で薄く地塗りをする。淡い藤色と青を混ぜて下側を塗る。口の周りには白を塗る。小さい花は組み立ててから着色をする。

❷葉を塗る。グレー系緑で表・裏側に薄く地塗りする。深緑で下側を塗り、濃くする。紫と白を混ぜ、表・裏側の下部に少し塗る。

（表）　（裏）

❸この要領で20〜30輪の花を円すい形に止めつけていく。花は下に行くにしたがって下向きにする。小さい花用の粘土を1cm玉にし、長さ2cm強のころっとしたなみだ形にする。茎の先をフックしてボンドをつけ、粘土を刺す。

❹③の粘土にはさみを縦にしたり、横にしたりしながら粒の感じに切り込みを入れる。

❼葉と同じ粘土を1.5cm玉にし、長さ5cmの棒状に伸ばす。中央に細工棒を押しつけてくぼみをつける。くぼみにボンドをつけ、茎をくるむ。手のひらで転がして粘土を伸ばし、茎を0.8cmの太さに仕上げる。

❽茎がボコボコしていたら、指に水をつけてこすり、なめらかにする。

⑤ 組み立てる

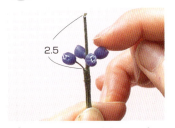

2.5

❶20番ワイヤーに半幅テープを固く巻き、2等分にカットする。ワイヤーの先から2.5cm下に小さめの花を同じ高さにして数輪添わせ、半幅テープで巻く。花を横に起こす。

❷少し下に次の花を頭をそろえ、数輪を茎の周りに添わせ、テープで巻いて止める。茎が太くなるので茎を数本ペンチでカットして間引く。

❺つぼみ用の粘土をひも状にしてボンドをつけ、④の粘土の下の茎をくるむ。つぼみの土台にする。

❻⑤の土台にボンドをつける。つぼみ用の粘土を0.3cm玉に丸め、土台の上から下につけて、すき間がないようにする。

⑥ 仕上げる

❶白と緑を混ぜて、つぼみに淡く地塗りをする。紫と青を混ぜて、つぼみに部分的に塗る。茎は上部だけ紫を塗る。

❷小さい花は開花と同様にして組み立てる。①と同様にして地塗りをし、紫+青+淡い藤色を混ぜて、上部から下にかけて部分的に塗っていく。茎の上部に紫を塗り、小さい花の口の周りに白を塗る。

❸①と②の花を合わせ、根元にテープを巻いて止める。同じ根元に葉を3枚添えてテープで止め、残りの4枚も添えてテープで下まで巻き下ろす。葉を曲げてポーズをつける。

セラスチウムの
妖精の作り方

🖤用具、粘土の扱い方
の基礎は49〜51ページ
参照。

材料

樹脂粘土…120ｇ（無色５ｃｍ玉《ボディー》
　・白４ｃｍ玉《ドレス》）
造花用ワイヤー…18番　１本（首のしん）
造花用テープ…ミントグリーン　半幅
ベビーの顔型
油絵の具…白
水彩絵の具…ピンク・こげ茶・オレンジ色
マーカー…金色
出来上がり寸法　高さ約６ｃｍ

① 頭を作る

❶無色の粘土を３ｃｍ玉に
し、長さ６ｃｍの大きなな
みだ形にする。

❷顔型になみだ形にした
粘土のとがった方から押
し込め、空気が入らない
ように埋め込む。

❸粘土を抜き取り、周りの粘土を後ろに引くようにして、
細面の顔にする。さらにほおを押さえ、あごのラインを
細くする。

❹口の位置にようじを刺
し、上に引っ掛けるよう
にして上唇を作る。

❺顔の周りのラインに沿って、は
さみでカットする。

❻粘土を２ｃｍ玉にし、片
面が平らなだ円形にする。
後頭部になる。

❼18番ワイヤーはミントグリーンのテー
プを巻き、３等分し、フックをする。顔
の後ろ側全体にボンドをつけ、ワイヤー
を接着し、後頭部を重ねる。乾かす。

❽水彩絵の具で顔の表情を描く。
ほおにピンクを淡くつける。目は
くぼんでいる部分にこげ茶で線を
引くような感じに描き、口（オレ
ンジ色+ピンク）はチョンチョンと
入れる。

② 足を作る

❶無色の粘土を1.8ｃｍ玉にし、５ｃｍの棒状にする。端から１ｃｍ
のところを人さし指で押してくぼませ、足首を作る。

❷くびれから先を指でつぶして細長
く（約1.5ｃｍ）する。

❸くびれから先を直角に曲げ、先を
つぶして薄くする。

「NHKおしゃれ工房 樹脂粘土でつくる野に咲く小さな花」
『作品材料』頒布のご案内

このたび、小社では上記書籍（ＡＢ判　川口紀子 著　定価：1,600円＋税）を発行いたしました。本書では、ご覧いただきましたように川口紀子氏が、小さく可憐な野の花や今、人気の花を中心に25種類の四季の花の作り方をわかりやすく紹介し、また、飾り方例、アレンジメントなどできた作品をどう楽しむかまでを解説しています。つきましては、本書のご利用に合わせてすぐに作品づくりができるように、下記の作品材料を取り揃えました。ぜひともご利用くださいますようご案内申し上げます。

ムスカリ

イエロープリムラ

千日紅

ひめゆり

てりはのいばら

ジャスミン

チョコレートコスモス

小菊

クリスマスローズ

福寿草

花の妖精

ムスカリ（3株）、イエロープリムラ（5株） ‥‥‥‥‥作品4、6ページ
作品番号JN-1　頒布価格＝4,000円
材料＝樹脂粘土3個　造花用ワイヤー（グリーン地巻き）5種（26番33本、24番12本、22番10本、20番3本、16番5本）63本　フローラテープ（ライトグリーン6mm幅、12mm幅）各1巻き

千日紅（5枚）、ひめゆり（4枝） ‥‥‥‥‥‥作品10、13ページ
作品番号JN-2　頒布価格＝4,400円
材料＝樹脂粘土3個　造花用ワイヤー（グリーン地巻き）6種（26番25本、24番14本、22番8本、20番12本、18番4本、16番2本）65本　フローラテープ（ライトグリーン6mm幅、12mm幅）各1巻き、（ミントアイボリー6mm幅）1巻き

てりはのいばら（2枝）、ジャスミン（2枝） ‥‥‥作品12、14ページ
作品番号JN-3　頒布価格＝4,800円
材料＝樹脂粘土3個　造花用ワイヤー（グリーン地巻き）4種（26番24本、24番26本、22番5本、16番8本）63本　フローラテープ（ライトグリーン6mm幅、12mm幅）各1巻き　極小ペップ（5束）1袋

チョコレートコスモス（2枝）、小菊（2枝） ‥‥‥作品20、22ページ
作品番号JN-4　頒布価格＝4,500円
材料＝樹脂粘土3個　造花用ワイヤー（グリーン地巻き）4種（24番14本、22番4本、18番8本、16番4本）30本　フローラテープ（ライトグリーン6mm幅、12mm幅）各1巻き　アクリル絵の具Aガッシュ（ディープマゼンタ6号）1本

クリスマスローズ（2枝）、福寿草（盆栽一鉢） ‥‥作品24、27ページ
作品番号JN-5　頒布価格＝5,300円
材料＝樹脂粘土3個　造花用ワイヤー（グリーン地巻き）4種（26番12本、22番4本、20番8本、18番10本）34本　茨ペップ（大、白）1束　ローズペップ（小、白）2束、ローズペップ（クリーム色）1袋　こけ、盆栽鉢、油絵土各1個

花の妖精（3体） ‥‥‥‥‥‥‥‥‥‥‥‥‥‥‥‥‥‥作品18ページ
作品番号JN-6　頒布価格＝2,900円
材料＝樹脂粘土2個　造花用ワイヤー（グリーン地巻き18番）1本　ベビーの顔の抜型1個　フローラテープ（ミントアイボリー）1m
※水彩絵の具（顔描き用）、マーカー（金色）は含みません。

材料＝樹脂粘土（4個入り）1セット
商品番号JN-7　頒布価格＝4,100円

用具セット
商品番号JN-8　頒布価格＝7,100円
用具＝ミニプレス1個　プレスマット1枚　細工棒（丸、角）各1本　葉型（いちご、あじさい）各1個　ハサミ1丁　丸め棒（小）1本　接着剤1本　スタイロフォーム（15×22cm）1枚

油絵の具（4号チューブ19色）、筆セット
商品番号JN-9　頒布価格＝6,700円
油絵の具＝サップグリーン　オキサイドオブクロミウム　パーマネントグリーンライト　グリーングレイ　コバルトブルーヒューモーブ　ローズバイオレット　ピンクマダー　ピオニーレッド　ゼラニュームレーキ　クリムソンレーキ　パーマネントイエローオレンジ　パーマネントイエローライト　パーマネントイエローディープ　バーントシェンナ　バーントアンバー　マースバイオレット　バイオレットグレー　パーマネントホワイト各1本　筆洗い液1本　筆（太3本セット）、（細4本セット）各1組

※頒布価格は税込みです。
※梱包・送料は、種類、数量にかかわらず一律800円です。

【お申し込み方法】　商品番号、商品名、個数、住所（郵便番号）、氏名（ふりがな）、電話番号を明記のうえ代金、送料（一律800円）を添えて、現金書留または郵便振替（口座番号：00130-5-566104）にてお申し込みください。
　　　　　　なお、お届けは代金到着後1週間前後かかります。あしからずご了承ください。
【お申し込み先】　〒150-8081　東京都渋谷区宇田川町41-1　NHK出版グッズサービス
【お申し込み期間】　平成15年12月末日まで
【お問い合わせ先】　電話：(03)5458-5050　（平日/午前10〜12時　午後1〜6時）

❹親指が長くなるように整える。

❺親指の下で裏側を押して、土踏まずを作る。

❻親指の横を小さくV字にカットし、指先を上に上げる。残り部分を4つにカットしてそのほかの指を作る。

❼裏に返し、指の付け根に竹ぐしを当てて、軽く筋をつける。

❽指を内側に少し丸める。

❾もう片方の足を対称に作る。乾かす。

③ 胴の下側を作る

❶無色の粘土を2.5cm玉にして、5cmのたわら形にする。指で押してつぶし、少し平らにしてから曲げる。

❷足の付け根で胴の底を押してくぼませる。

❸くぼみにボンドをつけて足を接着する。ティッシュペーパーで台を作り、形がくずれないようにして乾かす。

④ ドレスのスカートを作る

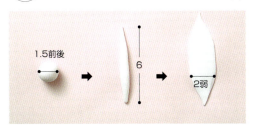

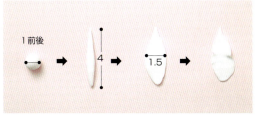

❶大きいスカートを作る。白の油絵の具を練り込んだ粘土を1.5cm玉にし、上がとがった細長いなみだ形にする。2cm弱にプレスする。

❷端を少し引っ張ってフリルをつけ、先をつまんで上に向ける。2枚作る。

❸小さいスカートは、写真の寸法に粘土を形づくり、大きいスカートと同様にしてフリルをつける。10枚作り、半乾きにする。

❹小さいスカートの上半分ぐらいにボンドをつけ、足の付け根の前側に2枚、後ろ側に1枚つける。続けて体になじませるように順次はり、体を隠すようにする。

❺大きいスカート2枚は、後ろ側に当て、すそ側はおしりをくるむようにしてはる。

⑤ 胴の上側を作り、頭・手をつける

❶無色の粘土を2cm玉にし、太いなみだ形にする。太い方が頭側になる。

❷軽くつぶして、先を細くし、上に反らせる。

❸胴の下側と接する部分にボンドをつけ、胴の下側の上に接着する。

❹頭のワイヤーを2cmの長さにカットし、ボンドをつける。胴の上側の先に刺して接着する。

❺腕を作る。粘土を1.8cm玉にし、長さ11cmの棒状にする。

❻頭を持ち上げてひざにボンドをつけて、腕の中央を接着する。さらにほおがのる腕の部分にもボンドをつける。

❼腕の端をつぶし、ボンドをつけて背中に接着する。

⑥ 身ごろを着せ、えりをつける

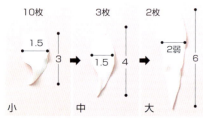

10枚　3枚　2枚

1.5　1.5　2弱
3　4　6

小　中　大

❶身ごろの小は0.8cm玉、中は1cm玉、大は1.5cm玉の白の粘土を写真の寸法にプレスして、フリルをつける(スカートと同じ)。

❷身ごろの内側にボンドをつけ、足の付け根に(小)を2枚はる。胴の接着した部分を隠すように(中)を上側だけはる。

❸②ではった(小)を持ち上げて、間に(小)をはさみ込んで接着する。

❹(大)の身ごろを背中に2枚はる。丈が長い場合はカットする。

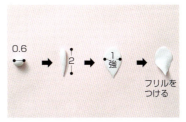

❺残りの身ごろを下からぐるりとはり、ボディーの土台が見えないようにする。身ごろのウエスト位置を押してくぼませ、背中からおしりにかけてなめらかな線が出るようにする。

❻えりは粘土を写真の寸法に形づくり、3枚作る。

0.6 → 2 → 1 強 → フリルをつける

❼えりの内側にボンドをつけ、首の周りにはる。

⑦ 髪の毛をつける

❶無色粘土を1cm強に丸め、軽くつぶす。おでこのきわにボンドをつけて、接着する。

❷はさみの先で粘土を引っかいてつのを出し、カールした髪の感じを出す。

❸①〜②を繰り返して、頭全体に髪の毛をつける。

⑧ 羽根をつけ、仕上げる

1.5弱 → 3弱 プレス → → カット

❶粘土を1.5cm玉にし、3cm弱にプレスする。外側の粘土をV字にカットしてリボン形にする。さらに下の部分を写真のようにカットする。

❷ミニマットにはさみ、左右の端を外側に引くようにして伸ばす。

❸2つに折ってカーブをつけ、背中にボンドをつけてはり、中心を細工棒で押さえて接着する。

❹乾いたら金色のマーカーをドレスの縁と羽根の周りに塗る。出来上がり。

千日紅の妖精

足は裏を上にして少し先を重ねて組ませる。

ムスカリの妖精

写真を参照して腕を作り、座った形にする。

作品20ページ

チョコレート
コスモスの作り方

💐用具、粘土の扱い方の基礎
は49〜51ページ参照。

材料（1枝分）

樹脂粘土…140g
造花用ワイヤー…18番　3本（花・花落ち
　の茎）・24番　3本（つぼみ・葉の茎）
造花用テープ…ライトグリーン　半幅
アクリル絵の具（ガッシュ）…ワインレッド
油絵の具

① 粘土に色を練り込む

❶粘土4cm玉にぼたん色・青・紫系茶の3色を練り込んで、くすんだワインカラーにする。花しん・花に使用する。

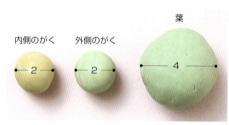

内側のがく　外側のがく　葉
　2　　　　2　　　　4

❷葉は粘土に緑＋深緑を練り込み、淡緑にする。外側のがくは葉の色を薄めて明るい淡緑、内側のがくは葉の色に茶と無色の粘土を加えて茶色がかった緑にする。

② 花しんを作る

1 → 2弱

❶18番ワイヤーに半幅テープを巻き、長いままでフックする。くすんだワインカラーを1cm玉にし、長さ2cm弱のだ円形にする。フックにボンドをつけて粘土に差し込み、根元をしっかりと止める。

❷根元から細長くV字に切り込みを入れる（35ページの千日紅を参照）。乾燥させる。

③ 開花を作る

2 → 3弱

❶くすんだワインカラーを2cm玉にし、長さ3cm弱のたわら形にする。

❷太い方を深く8等分にカットする。細工棒で花びらひとつずつを押してつぶす。さらに、根元側から幅広く広げる。

❸花びらの間に根元近くまで切り込みを入れる。

❹花びらの先を小さくV字にカットする。カットした部分を細工棒で薄く伸ばし、さらに角棒で縦の筋をつける。

❺花しんの根元にボンドをつけ、④の花の中心に通す。根元を押さえて接着させる。

❻アルミ箔の上にティッシュペーパー、ラップフィルムの順に重ね、乾燥のための受け皿を作る。中心に⑤の茎を通して下に引き、花の縁を軽く上に向けて乾燥させる。2輪作る。

④ がくを作る

❶茶色がかった緑を0.8cm玉にし、長さ2cmのなみだ形にする。とがった方を8等分にカットして、細工棒で広げる。

❷花の根元にボンドをつけ、がくの上から通す。花びらと花びらの間にがくの先がくるように整え、接着する。内側のがくになる。

❸明るい淡緑の粘土を内側のがくと同寸法のなみだ形にし、8等分にカットして広げる。

❹内側のがくの根元にボンドをつけ、ワイヤーを上から通す。内側のがくとがくの間に外側のがくの先がくるように接着する。先を少し外側に倒す。

❺花落ちは花しんに花びらをつけず、内側と外側のがくをつけて仕上げ、外側のがくは下に多めに折って表情をつける。

⑤ つぼみを作る

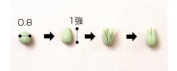    

❶24番ワイヤーに半幅テープを巻き、4等分にして1本をフックする。明るい淡緑を0.8cm玉にし、長さ1cm強のころっとしたなみだ形にする。深く8等分にカットし、カットしたところを閉じる。

❷フックにボンドをつけ、つぼみの根元に通す。根元を整える。

❸上の葉を作る。明るい淡緑の粘土を1.5cm玉にし、先のとがった長さ3.5cmのなみだ形にする。とがった方を2つに切り込みを入れ、さらに根元をV字に小さくカットする。

❹細工棒で広げ、中央にはさみの刃で筋を入れる。

❺つぼみの根元から0.5cm下にボンドをつけ、④の葉に上から差し込んで接着する。1つ作る。

⑥ 葉を作る

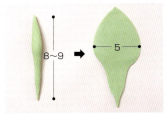 

❶24番ワイヤーに半幅テープを巻き、4等分する。淡緑の粘土を2cm玉にし、細長い形にしてから幅5cmにプレスする。

❷中央にはさみの刃で筋を入れ、フリーハンドで周りをカットして形を作る。

❻つぼみの下の葉を作る。明るい淡緑を1.5cm玉にし、上がふくらみ先のとがった形にする。プレスして2.5cm幅にし、いちごの葉型に押し当てて、葉脈をつける。

❼裏に返し周りにフリルをつける。フックしていない24番ワイヤーにボンドをつけ、葉の中心に接着する。2枚作る。

❸裏に返し、縁に細工棒を転がして薄くする。

❹葉の中心にワイヤーを接着する。いろいろな形の葉を6枚作る。

⑦ 仕上げる

花・花しん　えんじ色+紫+紫系茶で地塗り。花弁の付け根に白をぼかし、花弁と花しんに紫系茶で表情をつける。アクリル絵の具の濃い赤紫で花弁の先、花しん全体を塗る。黄色+白を花しんに点々と塗る。
がく　内側は茶+緑+白、外側は深緑で地塗り。茶+えんじ色+紫で表情をつける。
葉　緑+深緑で地塗り。中央を青+緑で塗り、中央と縁にえんじ色をかける。
茎　えんじ色を部分的にかける。
着色が済んだら、写真を参照し組み立てる。

クリスマス
ローズの
作り方

❤用具、粘土の扱い方の基礎は49〜51ページ参照。

材料（1枝分）

樹脂粘土…180g

造花用ワイヤー…20番　2本（花・大のつぼみの茎）・22番　2本（小のつぼみ・大の葉）・26番　4本（三枚葉・小の葉）・18番　2本（太い茎）

造花用テープ
　…ライトグリーン　半幅・広幅

バラペップ（白）…大　½束（花しん）・小　1束（花しん）

油絵の具

① 粘土に色を練り込む

めしべは粘土0.8cm玉にえんじ色を少し混ぜて淡いワインカラーにする。花は2cm玉の粘土に緑を混ぜ、淡い緑にする。がく・つぼみは4cm玉の粘土に白+緑少々を混ぜ、ミントグリーンにする。葉は5cm玉の粘土に緑+深緑を混ぜ、少し濃い緑にする。

② 花しんを作る

❶20番ワイヤーは半幅テープを巻いて2等分し、フックする。バラペップ（小）は1束を2つに分け、半分だけ使用する。ペップの粒先から1cm下の表・裏側にボンドをたっぷりとつける。上下とも同様に。

❷ボンドが乾いたらペップの束を軽くつぶして、平らにする。ボンドの下でカットする。2束でき、花2輪分の花しんになる。

❸ワイヤーのフックにボンドをつけ、②のペップ1束を巻きつける。

❹バラペップ（大）の茎を細工棒でしごいて、頭の割れ目を上に向ける。12本用意し、花しんのペップより茎を少し長くカットする。

❺花しんの根元にボンドをつけ、④のペップを先が内向きになるように周りに接着する。

❻④と同様にしてバラペップ（大）24〜25本を形づくり、茎をさらに長くカットする。中心の花しんより1cm長く出るようにして周りに接着する。おしべになる。

❼めしべを作る。淡いワインカラーの粘土を0.2cm玉にして棒状に伸ばし、乾かす。1輪に4本作る。

❽めしべの根元にボンドをつけ、花しんの中心に差し込んで接着する。

③ 花を作る

❶淡い緑の粘土を0.8cm玉にし、長さ1cm強のころっとしたなみだ形にする。太い方を6等分にカットする。

❷余り薄くしないように軽く広げ、上部を少しカットして平らにする。

❸花びらと花びらの間をカットする。

❹1か所切り開いて平らに広げ、花びらを寄せて写真のように交互に重ねる。2つ作る。

❺もう1つの花を作る。①まで同様に作り、あまり広げずに上部をカットする。

❻竹ぐしを⑤の上部に刺して穴をあけ、回しながら広げる。

❼1か所切り開いて平らに広げ、花びらを互い違いに重ねる。3つの花びらの出来上がり。

❽花びらの根元にボンドをつけ、花しんの周りにはる。まず穴あきの花びらをはり、次に残りの2枚で囲むようにはる。

④ がくを作る

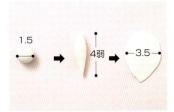

❶ミントグリーンの粘土を1.5cm玉にし、長さ4cmの下がとがったなみだ形にする。幅3.5cmにプレスしてから、縁を薄くし、少し幅広に形づくる。

❷裏側にフリルをつけ、表に返してとがっている方を裏から少しつまむ。

❸手のひらにのせ、②でつまんだ部分を指で押してつぶす。まるめ棒を転がして丸みをつける。こちら側が内側になる。

❹はさみの刃で真ん中に1本筋をつける。さらに、周りにも軽く筋を数本入れる。

❺先を軽くつまんでとがらす。5枚作る。

❻花しんの根元にボンドをつけ、がくを1枚接着する。2枚目は少し離してはり、2枚のがくの後ろに3枚目をはる。

❼あいている部分に残りのがく2枚を接着する。

❽44ページのチョコレートコスモスを参照して乾燥のための受け皿を作り、中心に茎を通してがくの部分が開かないように支え、乾くまでおく。1枝に2輪作る。

⑤ つぼみを作る

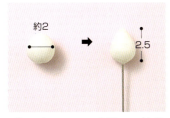
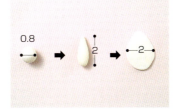

❶20番ワイヤーに半幅テープを巻き、3等分してフックする。ミントグリーンの粘土を2cm玉にし、長さ2.5cmのころっとしたなみだ形にする。フックにボンドをつけ、根元に差し込む。花しんになる。

❷ミントグリーンの粘土を0.8cm玉にし、長さ2cmのなみだ形にする。2cm幅にプレスし、縁を指でこすって薄くし、丸みをつける。

❸②のとがっている方をつまみ、丸め棒で内側に丸みをつける（がくと同じ）。3枚作る。内側にボンドをつけ、①をくるむようにはる。外側にはさみの刃で数本筋をつける。

❹2枚目も花しんをくるむように当てて指で押さえて接着し、筋をつける。3枚目も同様にする。大きいつぼみになる。

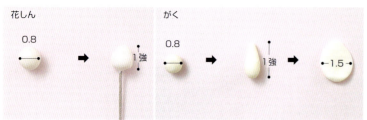

花しん

0.8 → 1強

がく

0.8 → 1強 → 1.5

❺小のつぼみを作る。22番ワイヤーに半幅テープを巻き、4等分してフック。花しんとがくはミントグリーンの粘土で写真の寸法に作る。大と同様にしてがく3枚で花しんをくるんで仕上げる。

小と大のつぼみの出来上がり。合わせて3個作る。

⑥ 葉を作る

1～1.5 → 3.5~4.5 → 2.5~3

❶26番ワイヤーに半幅テープを巻いて6等分する。3枚に分かれた葉は、緑の粘土を写真の寸法に丸め、プレスして縁を薄くする。

❷はさみでカットして3枚に分かれた葉にする。

❸マットの上にのせ、周りの粘土を竹ぐしで外側に引っ張るようにして、ギザギザにする。

❹いちごの葉型に当て、葉脈をつける。

❺細工棒で裏側から縁にフリルをつける。

❻ワイヤーにボンドをつけ、葉の中央に接着する。大・小の2枚ずつを作る。

⑦ 仕上げる

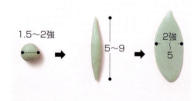

1.5~2強 → 5~9 → 2強~5

❼小と大の葉のセットを作る。緑の粘土を1.5～2cm強に丸め、先のとがったなみだ形にする。プレスし、縁を薄くする。

❽小の葉は3枚で1セットにする。左右の葉は対称にして2枚に分かれた葉にカットし、真ん中の葉は1枚葉に仕上げる。3枚に分かれた葉と同様に仕上げ、5組作る。

❾大の葉は5枚で1セットにする。左右の葉は対称にして2枚に分かれた葉にカットし、中央の葉3枚は1枚葉に仕上げる。ワイヤーは22番に半幅テープを巻いたものを3等分する。3枚に分かれた葉と同様に仕上げ、1組作る。

がく 白で地塗りをし、下の方を若草色で淡く塗る。
花 若草色で地塗りをし、緑を部分的に塗る。
おしべ・花しん 黄色＋白で地塗りをし、クリーム色に仕上げる。
めしべ えんじ色＋紫で地塗りをする。
葉 グレー系緑＋緑で地塗りをする。中央を青＋緑でぼかし、中心に白線を入れる。
写真を参照して組み立てる。がくの下部、葉の付け根、茎に淡くえんじ色をかける。

作品作りに必要な材料と用具

❶ 樹脂粘土
白色の粘土で、油絵の具を練り込んで好みの色にしてから使用します。自然乾燥だけで陶磁器のような質感になり、透明感があるため淡い色が美しく仕上がります。薄く伸びて扱いやすく、ひび割れもしないので、細かい作業の必要な花や人形などの作品作りに適しています。

❷ フラワー手芸用ボンド
花や葉にワイヤーをつけたり、花びらをはり合わせるときに使用します。木工用ボンドでも代用できます。作り方ページでは省いていますが、粘土にワイヤーをつけるときは必ず接着部分にボンドをつけて接着します。

❸ 葉型
葉に葉脈をつけるときに使用します。いろいろな葉型がありますが、今回は、あじさいの葉型はしゅうかいどう、そのほかの花はいちごの葉型を使用しています。生の葉の裏も葉型として使用できます。

❹ 造花用ペップ
大・小のバラペップ、ローズペップ、極小ペップなど、花によって使い分けます。花しんに使用します。

❺ 造花用テープ
半幅テープと広幅テープがあり、ほとんどの作品は、花や葉の茎に巻きつけるときは半幅テープ、組み立てて枝にまとめるときは広幅テープを使用します。色はライトグリーンとミントグリーンとオリーブグリーンを使用しており、作品によって使い分けます。

❻ 油絵の具
粘土に練り込んで着色したり、仕上げの色かけにも使用します。乾くと色落ちがしないので安心して使えます。本書で使用した絵の具については下の色名一覧を参照。

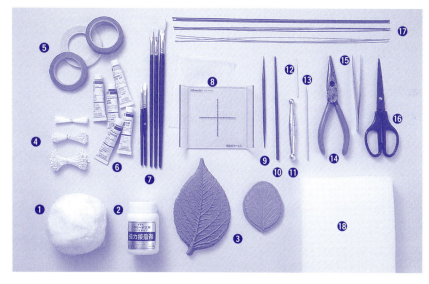

❼ 絵筆
平筆は作品の着色、細筆は人形の顔を描くときや細かい塗りに使用します。用途に合わせて太さを選びます。

❽ ミニプレスとプレスマット
粘土を薄く伸ばすときに使用します。なみだ形やひも状にした粘土をプレスマットにはさみ、ミニプレスで押して必要なサイズに伸ばします。
●プレスマットは袋状になっているので、一方の輪を切り開き、粘土がマットにつかないように、薄くハンドクリームをつけて使用しましょう。

❾ 角棒
薄く伸ばした粘土に筋をつけたり、表情をつけるのに使用します。

❿ 細工棒
粘土を薄く伸ばしたり、フリルをつけたりと、いろいろな表情をつけるのに使用します。

⓫ 丸め棒
花びらに丸みをつけたり、くぼみをつけるのに使用します。

⓬ つまようじ
葉の縁に刻みをつけるのに使用します。

⓭ 竹ぐし
細工棒の代わりに使ったり、葉の縁に刻みをつけるのに使用します。また、ボンドをつけるときも便利です。

⓮ ペンチ
ワイヤーをカットしたり、フックするときに使用します。

⓯ ピンセット
細かい作業をするときに使用します。

⓰ はさみ
刃先の鋭い薄刃のものがよく、粘土を切ったり、筋をつけるのに使用します。

⓱ 造花用ワイヤー
22番・24番・26番のワイヤーは花や葉の茎に、枝にまとめるときは16番・18番・20番のワイヤーを使用します。ワイヤーは細いものほど番号が大きくなります。

⓲ スタイロフォーム
花や葉の茎のワイヤーを刺しておきます。

そのほかに、

おろし金 乾燥させた粘土をおろし金でおろして粉にします。花粉などに使用します。

スポンジ 台所用スポンジのナイロンたわし部分に葉を押しつけ、表情をつけるのに使用します。イエロープリムラの葉に使用しています。

ティッシュペーパー 茎を太くするときに使用します。

ハンドクリーム プレスマットや手につけて、粘土がつかないようにします。

ラップフィルム 粘土が乾燥しないようにくるんだり、着色のときに油絵の具を出してパレット代わりに使用します。

ストロー、ボールペン つくしを作るときの表情つけに使用します。

油絵の具の色名一覧

本書ではホルベイン社の油絵の具を使用しています。作り方の中では絵の具名を分かりやすくするために、左側の色名で表記しています。

作り方の中の色名	絵の具名
緑	サップグリーン
深緑	オキサイドオブクロミウム
若草色	パーマネントグリーンライト
グレー系緑	グリーングレー
青	コバルトブルーヒュー
紫	モーブ
紫系ピンク	ローズバイオレット

作り方の中の色名	絵の具名
ピンク	ピンクマダー
ぼたん色	ピオニーレッド
朱色	ゼラニュームレーキ
えんじ色	クリムソンレーキ
オレンジ色	パーマネントイエローオレンジ
黄色	パーマネントイエローライト
山吹色	パーマネントイエローディープ

作り方の中の色名	絵の具名
茶	バーントシェンナ
こげ茶	バーントアンバー
紫系茶	マースバイオレット
淡い藤色	バイオレットグレー
白	パーマネントホワイト

作品を作る前に読みましょう 粘土工芸の基礎

樹脂粘土の扱い方の注意

粘土を使う前には必ず手を洗ってきれいにしましょう。淡い色の粘土は特に汚れを吸収しやすいので注意。粘土は乾燥すると、一回り小さくなります。作品を作るときは、このことを考えて作りましょう。

樹脂粘土に色を練り込む

粘土を袋から取り出し、よく練ってやわらかくします。必要な分量に丸めてから中央にくぼみをつけ、油絵の具を出します。絵の具が手につかないように、包み込むようにして練り、色が均一になるまで練ります。

●絵の具の色は粘土が乾燥すると、濃くなります。一度にたくさん絵の具を出さないで、少しずつ練り込みながら欲しい色より少し薄く仕上げましょう。

ラップフィルムにくるんで保存する

粘土は空気に触れると固くなるので、使わないときは必ずラップフィルムにくるんでおきます。長く保存するときはぬれぶきんで包み、さらにビニール袋に入れ、冷蔵庫に入れておきましょう。

ワイヤーに造花用テープを巻く

茎のワイヤーはほとんどの場合が造花用テープを巻いてから使用します。テープを斜めに広げ、ワイヤーの端をのせます。テープを引っ張りながら、ぐるぐると斜めに固く巻いていき、最後は余分を手でちぎります。

フックする

花しんや花に刺す茎のワイヤーは抜けないようにするために、フックしたものを使用します。フックはワイヤーの先端をペンチでつまみ0.5cmほど内側に曲げ、さらに曲げた部分をペンチではさんでつぶして作ります。この曲げた部分をフックといいます。

粘土をなみだ形にする

粘土で花びらや葉を作るときは、同じ大きさに作れるように必要な寸法の玉にしてから、てのひらで転がしながら花や葉の形に合わせたなみだ形にします。なみだ形は形だけでなく使用する向きや寸法も重要なポイントです。写真のなみだの形をよく見て制作しましょう。また、作り方の中に入っている寸法は、真上から見た寸法です。見る位置によっても寸法は変わってきますので注意しましょう。

なみだ形の種類
A 上がとがって、下が少し丸いころっとしたなみだ形。がくによく使うなみだ形です。

B Aの向きを変えたなみだ形。
C 先のとがった細いなみだ形。
D ひも状のなみだ形。葉に使用することが多い。
E 上がふくらみ先のとがったなみだ形（ジャスミンのなみだ形）。

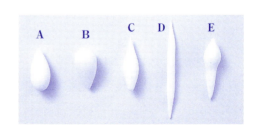

なみだ形のカット

一般的に花は太い方から、がくなどは細い方からカットします。カットして分かれた数が花びらやがくの枚数になります。作り方ページを参照し、必要な数にカットしましょう。

A 5つにカット　片方を半分より大きめにして2つにカットし、大きい方を3等分、小さい方を2等分にカットして5つにします。
B 8つにカット　半分にカットしてから、さらに半分、半分とカットして8つにします。
C 細い方からカットします。先のとがった花やがくになります。

A

B

C

50

花びらの形に広げる

なみだ形の切り込みひとつずつに細工棒を押し当ててつぶします。次に細工棒を立てかけるように左右に転がして粘土を薄く伸ばし、最後に外側を薄くして花びらの形を作ります。

プレスする

粘土を平均に薄く伸ばすことです。花びらや葉を作るときに使用します。

丸めた粘土をなみだ形にし、プレスマットの間にはさみ、上からミニプレスで押します。ミニプレスの目盛りを目安にして必要な幅まで伸ばします。

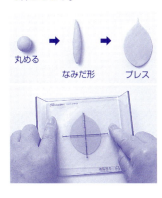

丸める　→　なみだ形　→　プレス

プレスマットの上から、輪郭に沿って縁を指でこすり、薄くします。葉に多く使う技法です。

葉脈をつける

プレスして伸ばした粘土を葉型に当て、指で押しつけて葉脈を写します。葉脈がはっきりしている生の葉も葉型として使用できます。本書の作品ではどくだみ、みずひきで使用しています。

フリルをつける

葉や花びらの周りに細工棒を左右に転がしながら、粘土を薄く伸ばして波を打たせ、フリルをつけます。裏側からフリルをつけると、表側に指の指紋がつき、より本物らしい表情がつきます。

葉に茎のワイヤーをつける

ワイヤーの1/3ぐらいまでにボンドをつけ、そのまま葉の中央にのせます。葉の裏側からワイヤーをつまむようにして押さえ接着させます。ワイヤーは葉の先までつけず、半分弱ぐらいの位置に当てます。

乾燥させる

花や小さな葉はスタイロフォームに刺して、乾かします。花びらが広がりそうな場合は、ワイヤーを折り曲げて頭を下にして乾かすと形を保って乾燥できます。

チョコレートコスモス、クリスマスローズなど、大きい花を広げずに乾燥するには、アルミ箔、ティッシュペーパー、ラップフィルムの順に重ねた台を作り、台の中央にワイヤーを刺して花を支えます。台に丸みをつけて花びらが広がらないよう形作り、乾燥します。

大きな葉や波形をつけたいものは、スタイロフォームにティッシュペーパーを台のように置き、上に乗せて乾かします。
花や葉は2～3時間、人形は1晩ぐらいで乾燥できます。

着色する

乾燥したら油絵の具で着色します。ラップフィルムに絵の具を出し、この上で混ぜ合わせて色を作り、絵の具を伸ばすようにして薄く塗ります。濃く、べったりとは塗りません。

着色の順序は、全体に地塗りをし、次に陰影をつけ、最後に部分的に塗って表情をつけます。絵筆は着色をする部分によって太さを選びます。

油絵の具は落ちにくいので、作業をするときは手につかないように気をつけましょう。また、使い終わった絵筆は、すぐに筆洗液か石けんで洗っておきましょう。

組み立てて仕上げる

絵の具が乾いたら、花や葉を組み合わせながら半幅テープで巻いて、枝に仕上げます。茎が太くなりすぎるときは、途中で茎をカットし、茎の太さを調節しながら仕上げます。

茎が細い場合は、途中で太いワイヤー（20番・18番・16番など）を添えて、広幅テープで巻いて仕上げていきます。

組み立てが済んだら、仕上げの着色をします。花や葉の付け根、茎に部分的に絵の具を塗って表情をつけます。

作品07ページ

アルメリアの作り方

🌸用具、粘土の扱い方の
基礎は49〜51ページ参照。

材料（5株分）

樹脂粘土…ピンク＋紫系ピンク　2cm強
　玉（花）・緑＋深緑　3cm玉（葉・がく）
　・淡い緑（葉の色を少し淡くしたもの）
　3cm強玉（茎・つぼみ）
極小ペップ…1束
造花用ワイヤー…22番　8本（花の茎）・
　28番　40本（葉の茎）
造花用テープ…ライトグリーン　広幅
油絵の具

① 開花・半開花を作る

0.5 → 1弱 →

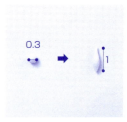

0.3 → 1

❶極小ペップは6〜
7本ずつに分ける。
上から0.5cmくらい
のところにボンドを
つけ、長さ0.5cmに
カットする。

❷開花を作る。ピンクの粘土を
0.5cm玉にし、長さ1cm弱のころ
っとしたなみだ形にする。太い方
を5等分にカットして竹ぐしで広
げる。

❸ペップの下にボンドを
つけ、花の中に差し込ん
で接着する。

❹花の出来上がり。同じ
ものを1本分、12〜13
個作る。半開花は開花と
同様に作り、ペップを差
し込んでから花びらをす
ぼませる。同じものを1
本につき10個くらい作
る。1枝分として開花、
半開花とも1本作る。

❺淡い緑の粘土を0.3cm
玉にし、長さ1cmの米つ
ぶの形のつぼみにする。
1本につき5〜6個作
る。

② 茎を作る

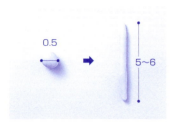

0.5 → 5〜6

❶淡い緑の粘土を0.5cm玉にし、
長さ5〜6cmのひも状に伸ばす。

❷長さに沿って竹ぐしでくぼみ
をつけ、くぼみにボンドをつける。

❸22番ワイヤーを2等分したも
のを、②のくぼみに当て、粘土で
ワイヤーをくるむ。

❹てのひらで転がし、
さらに台の上などで
転がして、ワイヤー
の先を残して粘土を
薄く伸ばす。1本が
長さ12〜13cmにな
るように伸ばし、ワイ
ヤーの先をフックす
る。1株分3本作る。

52

③ がくを作り、開花・半開花・未開花を仕上げる

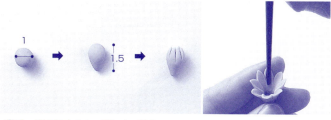

❶淡い緑の粘土を1cm玉にし、長さ1.5cmのころっとしたなみだ形にする。太い方を8つにカットし、細工棒で広げる。

❷茎のフックにボンドをつけて差し込み、がくの根元のほうからはさみで刻みをつける。

❸淡い緑の粘土を0.8cm玉にし、②が乾いてからボンドをつけてがくの中に接着する。

❹開花の花の根元にボンドをつけながら、③の玉の周囲に沿ってつけていく。周囲に1周したら、中高になるように中央にもつけ、全部で12〜13個の花をつける。

❺つぼみはボンドをつけて花の間にところどころ差し込む。開花の仕上がり。半開花は花数を少なくして同様に仕上げる。

❻未開花の1輪を作る。ピンクの粘土0.8cm玉を長さ1.5cmのなみだ形にし、太い方を12等分にカットしてすぼめる。茎のワイヤーのフックの先にボンドをつけ、フックを下から差し込む。

❼未開花のがくは淡い緑の粘土を1cm弱玉から長さ1cm強にし、太い方に8等分の深い切り込みを入れて少し広げ、根元に開花のがく同様の刻みを入れる。⑥の未開花の根元にボンドをつけ、上から通す。

④ 葉を作る

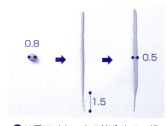

❶28番ワイヤーを3等分する。緑の粘土を0.8cm玉にし、長さ4〜5cmの棒状にし、ワイヤーの下1.5cm残して伸ばしながら巻きくるむ。ワイヤーごとプレスして幅を0.5cmにする。

❷竹ぐしに巻きつけるようにして葉の丸みを出す。1枝分20〜24本作る。

⑤ 仕上げる

花　ピンク+ぼたん色+白で軽く地塗りし、花びらの外側はピンク+ぼたん色、内側中心は若草色で表情をつける。黄色+山吹色をペップにかける。
がく・葉　緑+グレー系緑で地塗り。深緑で表情をつける。着色が済んだら、写真を参照して組み立てる。

作品08ページ

つくしの 作り方

🍃用具、粘土の扱い方の
基礎は49〜51ページ参照。

材料（10本分）
樹脂粘土…茶　4cm玉
造花用ワイヤー…22番　4本
油絵の具

① 軸を作る

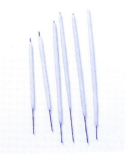

❶茶で淡く着色した粘土を1cm
玉にし、長さ4cmのひも状にす
る。

❷ひもの長さに沿って竹
ぐしでみぞをつけ、ボン
ドをつける。ワイヤーを
3等分し、粘土をつけて
くるむ。

❸両手にはさんで転がし
ながら伸ばし、長さ6〜
10cmの軸にする。いろ
いろな長さで作る。

② 頭を作る

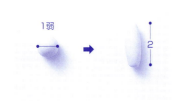

❶粘土を1cm弱の玉にし、長さ2
cm弱の上が少し細いなみだ形に
し、下側に細工棒で穴をあける。

❷軸の先にボンドをつけて頭の
下に入れ、奥の方まで差し込む。
頭の根元の方に竹ぐしでぐるりと
くぼみをつける。

❸頭の表面に指で少し水をつけて
やわらかくし、芯を出さないボー
ルペンの先で輪の模様をつける。
若いつくしになる。

❹かさの開いたつくしを作る。
頭の先の方から、ストローで下か
ら上へと粘土を持ち上げるように
刻みをつけていく。さらに竹ぐし
でかさを少し持ち上げて開くと大
きく成長したつくしになる。

③ はかまを作る

❶粘土を0.8cm弱の玉にし、長さ
1.5cmのころっとしたなみだ形に
する。とがった方を10等分にカ
ットする。

❷つまようじで少し押し広げる。

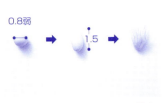

❸頭の下2cmくらいのところに
ボンドをつけ、はかまに差し込ん
で接着する。下の方に竹ぐしでく
ぼみをつける。

❹さらに2〜3cmくらい下にも
う1つはかまをつける。

④ 仕上げる

全体　茶と白を混ぜたもので全体
を地塗りする。
頭とはかまの付け根　緑を薄く塗
る。
頭とはかま　部分的に茶を塗り、
かさやはかまの先にこげ茶を塗
る。

作品08ページ

たちつぼすみれの作り方

🌱用具、粘土の扱い方の基礎は49〜51ページ参照。

材料（1枝分）

樹脂粘土…紫+青　2.5cm玉（花）・緑+深緑　3cm玉（葉）・葉の緑を薄めたもの　2cm玉（がく）

造花用ワイヤー…24番　1本（花の茎）・26番　2本（葉の茎）

造花用テープ…ライトグリーン　半幅・広幅

油絵の具

① 花・つぼみを作る

❶開花を作る。紫の粘土を0.8cm玉にし、長さ2cmのふくらんだ先が少しとがったなみだ形にする。

❷ふくらんだ方を2つにカットし、その半分を2等分、もう半分を3等分、やや深めに切り込みを入れる。

❸2枚を大きく、3枚を小さく広げ、大きい2枚は少し外側に反らし、小さい3枚は重なり合うようにする。花びらの間を少し深くカットする。

つぼみ　半開花　開花

❹24番ワイヤーに半幅テープを巻いて6等分し、フックする。大きい2枚の花びらの下にボンドをつけたフックした部分を差し込む。1枝につき約3輪作る。

❺半開花は、紫の粘土を0.8cm弱の玉にし、長さ2cm弱の開花と同じ形にし、先を3等分する。少し広げてから3枚の花びらをすぼめ、ワイヤーを差し込む。1枝に2輪作る。つぼみは0.5〜0.6cmの玉を同様に長さ1.5cmにし、先を3等分にカットして閉じ、ワイヤーに差し込む。1枝に1輪作る。

② がくを作る

❶淡い緑の粘土を0.5cmに丸め、長さ0.7〜0.8cmのころっとしたなみだ形にする。とがった方を5等分にカットして広げる。

❷花が乾いてから、花のすぐ下のワイヤーにボンドをつけ、がくに上から差し込む。

❸がくの下の方を、ぐるりとはさみでつついてくびれを作る。

❹がくのすぐ下で、ワイヤーを折り曲げて花を下向きにする。半開花、つぼみも同様にする。

④ 仕上げる

花・つぼみ　紫+淡い藤色で地塗り。大きい花びらは紫+青で表情をつけ、小さい花びらは中心から放射状に白で細い線を描く。

花しん　黄色+山吹色を塗る。

がく　若草色+緑で地塗りし、えんじ色で表情をつける。

葉　緑+グレー系緑で地塗りし、青+緑をぼかす。中央に白い線を入れる。写真を参照して組み立てる。

③ 葉を作る

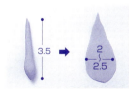

V字形にカット

❶緑の粘土を0.8〜1cm玉にし、長さ3.5〜5cmの先が細いなみだ形にする。2〜2.5cm幅にプレスする。

❷いちごの葉型に押し当てて葉脈をつけ、根元をV字形にカットしハート形にする。

❸葉の周囲も小さくV字にカットしてギザギザにする。縁に裏から細工棒を当ててフリルをつける。

❹26番ワイヤーに半幅テープを巻いて6等分する。葉の下半分弱のところにつけて裏側からつまんで固定する。葉の根元のV字形のところを寄せて重ね合わせる。大きさの違うものを、1枝に6〜7枚作る。

作品13ページ

ひめゆりの作り方

💝用具、粘土の扱い方の基礎は49〜51ページ参照。

材料（2枝分）
樹脂粘土…オレンジ色＋朱色　5cm玉（花）・淡いオレンジ色（花の色を少し薄くしたもの）　2cm玉（めしべ・おしべ）・緑　3cm玉（つぼみ・めしべの下部分）・緑＋深緑　4cm玉（葉）
造花用ワイヤー…26番　13本（おしべ・葉）・24番　2本（めしべ）・22番　2本（つぼみ）・20番　2本（花の茎）・16番　2本（太い茎）
造花用テープ…ミントグリーン　半幅・ライトグリーン　半幅・広幅
かたくり粉…適宜
油絵の具

① しべを作る

❶26番ワイヤーにミントグリーンの半幅テープを固く巻き、長さ5cmにカットして先をフックする。1輪につき6本作り、上2cm強をオレンジ色に塗る。

❷淡いオレンジ色の粘土を0.5cm玉にし、長さ1cmの細いなみだ形にする。①のワイヤーに斜めにつけ、竹ぐしで上に1本筋をつける。1輪に6本作る。

❸かたくり粉に、朱色と茶の油絵の具を筆でよく混ぜ、乾かして花粉を作る。②の粘土にボンドをつけ、花粉をまぶして乾かす。おしべになる。

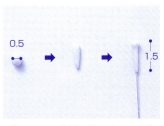

❹めしべの柱頭は淡いオレンジ色の粘土を0.5cm玉にし、写真のように形づくる。ミントグリーンの半幅テープを巻き4等分した24番ワイヤーのフック部分を差し込む。

❺柱頭に、3等分した筋をつける。

❻緑の粘土0.5cm玉を長さ1.5cmのなみだ形にし、子房部分を作る。柱頭の下にボンドをつけたワイヤーを上から差し込む。

❼めしべの周りに6本のおしべを配置し、根元をライトグリーンの半幅テープで束ねる。さらに4等分した20番ワイヤーを添えて半幅テープで巻き下ろす。ワイヤーの段差が出ないよう二度巻きする。1枝につき3本くらい作る。

② 開花・半開花を作る

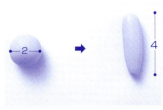

❶内花弁を作る。オレンジ色の粘土2cm玉を長さ4cmに伸ばす。

❷上半分を3つにカットし、細工棒で花びら1枚が1.5cm幅になるよう広げる。さらに竹ぐしで中央に粘土を寄せて1本盛り上がった筋をつける。

❸真ん中の筋の両わきに、細い縦線数本をはさみの先でつける。花びらの先は少しつまんでとがらせる。

56

❹しべの下にボンドをつけ、ワイヤーを花弁の上から差し込む。根元を押さえてなじませる。

❺外花弁は2cm玉の粘土を長さ4.5cm長さにし、内花弁同様に作るが、花びらは1cm強の幅にする。また中央を盛り上げずにくぼんだ筋にする。筋の両わきの細い線は内花弁同様つける。

❻内花弁の下にボンドをつけ、外花弁の上からワイヤーを差し込み、内花弁の間に外花弁がくるように接着する。外花弁の花びらの下に、切れ目を延長するように竹ぐしで筋をつける。開花の出来上がり。1枝に2輪作る。

❼半開花は、1.5cm玉の粘土を内花弁は長さ3.5cm、外花弁は長さ4cmにして開花と同様に作る。開花より花びらを閉じぎみにする。1枝につき1輪作る。

③ つぼみを作る

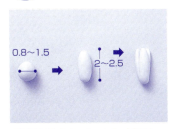

0.8〜1.5　2〜2.5

❶緑の粘土を0.8〜1.5cm玉にし、長さ2〜2.5cmの少しだけ上がとがったなみだ形にする。上を3等分に深くカットする。

❷カットした先を閉じ、3つに分かれた部分をふっくらと形づくる。

筋をつける

❸切れ目のところに、はさみで1本筋をつける。22番のワイヤーにライトグリーンの半幅テープを巻いて4等分し、フックした先につける。1枝につき、3輪作る。

④ 葉を作る

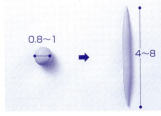

0.8〜1　4〜8

❶濃い緑の粘土を0.8〜1cm玉にし、4〜8cm長さのとがったひも状にする。

❷プレスして0.8cm幅にする。26番ワイヤーを4等分してボンドをつけ、葉の中央に押しつける。

❸さらにプレスして1cm強の幅にし、縁を軽くこすって薄くする。1枝につき、大・中・小合わせて15〜20本作る。

❹表面に固めの歯ブラシなどで縦の筋をつけ、両端をつまんで少し内側に折るように形づくる。

⑤ 仕上げる

花・ふくらんだつぼみ　花びら、めしべ、ふくらんだつぼみはオレンジ色に朱色を少々混ぜて地塗り。花びらの下部、子房、ふくらんだつぼみの上下に若草色で表情をつける。花びらの中央部に朱色を数回重ね塗りし、こげ茶で細かく点々をつける。

固いつぼみ　若草色で地塗りし、上と下に緑をかけ、中央部は淡くオレンジ色をかける。

葉　緑で地塗りして、緑+青で付け根から中央まで表情をつける。着色が済んだら、写真を参照し、16番ワイヤーを添えて組み立てる。

てりはのいばら
の作り方

🌱用具、粘土の扱い方の
基礎は49〜51ページ参照。

材料（1枝分）
樹脂粘土…白　3cm強玉（花）・若草色　1cm玉（花し
　ん）・緑+深緑　5cm玉（葉）・淡い緑（葉の色を薄くした
　もの）　2cm玉（がく）
極小ペップ…2束
造花用ワイヤー…22番　2本（花の茎）・24番　1本（つ
　ぼみの茎）・26番　10本（葉）・16番　2本（太い茎）
造花用テープ…ライトグリーン　半幅・広幅
油絵の具

① 花・つぼみを作る

❶ 若草色の粘土
を0.5cm玉にす
る。22番ワイヤ
ーに半幅テープ
を巻いて4等分
し、フックした
先につける。は
さみの先でつつ
いてボコボコし
た感じを出す。

❷ 極小ペップは若草色を塗り、先端に
山吹色とこげ茶を塗る。45〜50本を束
ね、上から1.5cmのところにボンドを
つけてカットする。1束を1輪分とし、
①の花しんをぐるりとくるんでボンド
でつける。1枝に5〜6本作る。

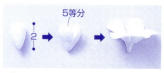

❸ 開花を作る。白い粘土を1.5cm
強の玉にし、2cm長さのころっと
したなみだ形にする。丸い方を5
等分して細工棒で開く。

❹ 花びらの先を
V字にカットし、
カットしたとこ
ろを細工棒で薄
く伸ばす。

❺ 花びらと花びらの間を
深くカットし、花びらの
中央にはさみで筋をつけ、
裏からつまむ。

❻ 花びらを手で寄せて表
情をつけ、②のワイヤー
を上から差し込んで接着
する。1枝に3〜4輪作る。

❼ 半開花は白い粘
土を1cm強の玉に
し、長さ1.5cmの
なみだ形にし、5
等分して広げる。
花の端をV字にカットし、花びら
を重ねてすぼめる。1輪は花し
ん・ペップをつけたワイヤーを通
し、1輪はフックしただけのワ
イヤーを刺して閉じぎみに作る。

❽ つぼみを作
る。白い粘土
を0.8cm玉に
し、長さ1cm
のなみだ形にする。24番ワイ
ヤーに半幅テープを巻き、4
等分してフックし、フックの
先に粘土をつける。2輪作る。

② がくを作る

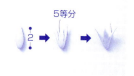

❶ 淡い緑の粘土を0.8cm
玉にし、2cm強のなみだ
形にし、とがった方を5
等分して開く。

❷ はさみで葉の縁に2か
所ずつ切り込みを入れる。
がくの中心に細工棒で穴
をあける。

くぼみをつける

❸ 開花・半開花を上から
通す。5枚のがくの下に
くぼみをつける。がくは
ところどころ下に向けて
表情をつける。

❹ つぼみのがくは、開花
より小ぶりに作り、つぼ
みを上から差し込んで接
着する。がくの下に細工
棒を押し当てて開花同様
にくぼみをつける。

③ 葉を作る

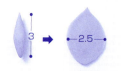

❶ 緑の粘土を1cm弱にし、
3cmのとがったなみだ形
にし、2.5cm幅にプレス。

❷ いちごの葉型で葉脈を
つけ、縁に竹ぐしでギザ
ギザをつける。裏に返し
て縁に細工棒でフリル
をつける。

❸ 26番ワイヤーに半幅テ
ープを巻き、6等分した
ものを葉の半分くらいま
でつけ、裏側からつまん
で接着する。1枝につき
50〜60枚作る。

④ 仕上げる

花　白で地塗りし、花しんは若草色をぼかす。
がく　緑+若草色を塗り、下の方は緑を重ねる。
葉　表・裏とも緑で地塗りをし、青+緑で根元の
方を濃くぼかす。葉の中央に白で細い線を入れる。
写真を参照し、葉を5枚葉に組んでから、16番ワ
イヤーを添えて組み立てる。

作品1+ページ

ジャスミンの作り方

🐭用具、粘土の扱い方の基礎は49〜51ページ参照。

材料（1枝分）
樹脂粘土…白　4cm弱玉（花）・淡い緑　4cm弱玉（固いつぼみ・若葉）・緑　2cm強玉（がく）・緑+深緑　4cm弱玉（濃い緑の葉）
造花用ワイヤー…24番　12本（花・葉の茎・つる）・26番　2本（若葉の茎）・16番　1本（太い茎）
造花用テープ
　…ライトグリーン　半幅・広幅
油絵の具

① 花・つぼみ・がくを作る

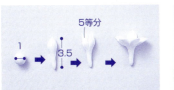   

❶白い絵の具を混ぜた粘土1cm玉を長さ3.5cmの写真のような形にし、先を5等分にカットし、広げる。

❷竹ぐしで花びらの内側に縦の筋をつける。中心は穴をあける。

❸花びらの先を外へ向けたり、先をつまんでとがらせて表情をつける。

❹24番ワイヤーに半幅テープを巻き、4等分して先をフック。フックの下にボンドをつけ、フックの先が花の中に少し見えるように差し込む。3輪作る。

❺半開花は1cm弱の白い粘土玉を開花同様長さ3.5cmにし、先を5等分して小さめに広げる。花びらを寄せて少し内向きにし、フックしたワイヤーを差し込む。3輪作る。

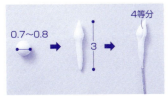 

❻つぼみを作る。白い粘土を0.7〜0.8cmの玉にし、長さ3cmにして先を4等分する。先を閉じて少し横に傾ける。ワイヤーは下から差し込む。4輪作る。

❼緑の絵の具で淡く色づけした粘土を0.5〜0.6cm玉にし、2.5cm長さにして下からワイヤーを差し込む。固いつぼみになる。4輪作る。

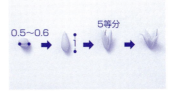 

❽がくを作る。固いつぼみより少しだけ多く緑を混ぜた粘土を0.5〜0.6cm玉にし、長さ1cm強のなみだ形にする。とがった方を5等分にカットする。

❾開花・半開花の花の根元にボンドをつけ、がくの上から差し込み接着する。つぼみのがくは少し小さく作り、同様につける。

② 葉を作る

❶若葉を作る。淡い緑の粘土を0.8cmの玉にし、長さ2.5cmにし、2cm幅にプレスする。いちごの葉型で葉脈をつけ、縁を薄くする。裏側から縁にフリルをつける。

❷26番ワイヤーに半幅テープを巻いて6等分し、ボンドをつけ、葉の半分までワイヤーをつける。裏側からつまんで接着する。10枚作る。

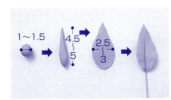

❸大きい葉は濃い緑の粘土を1〜1.5cm玉にし、長さ4.5〜5cmにし、2.5〜3cm幅にプレス。若葉同様に仕上げる。24番ワイヤーに半幅テープを巻いて4等分し、葉につける。大ぶりのもの6枚、小ぶりのもの24枚作る。

③ 仕上げる

つるは、24番ワイヤーに半幅テープを巻き、3等分し枝先に添える。
花・つぼみ　白で地塗り。開花・半開花の中心と花の下に若草色をぼかす。
固いつぼみ　若草色で地塗りし、緑をぼかす。
がく　若草色で地塗りし、下部に緑を塗る。
葉　緑+深緑で地塗りし、青+緑で下から中央部まで表情をつける。中央にえんじ色で細い線を引く。
葉は5枚ずつで1組にし、写真を参照し、16番ワイヤーを添えて組み立てる。最後に葉の茎と枝にえんじ色で表情をつける。

作品15ページ

セラスチウム
の作り方

🌱用具、粘土の扱い方の
基礎は49〜51ページ参照。

材料（1枝分）

樹脂粘土…白　3cm玉（花）・深緑+グレー系緑
　　4cm玉（つぼみ・がく・葉・托葉）

造花用ワイヤー…24番　3本（花の茎）・26番
　　5本（つぼみの茎・葉）・18番　2本（太い
　　茎）

極小ペップ…1束

造花用テープ…ミントグリーン　半幅・広幅

油絵の具

① 開花を作る

❶24番ワイヤーに半幅の
テープを巻き、4等分し
てフックする。ペップは
12〜13本を束ね、上から
1cm下にボンドをつけて
カットする。ワイヤーの
フック部分につける。

❷ミントグリーンの半幅
テープを巻いて固定す
る。

❸開花を作る。白い絵の
具を混ぜた粘土を1cm玉
にし、長さ2cmにして上
を5等分に深くカットす
る。

❹細工棒で広げ、花びら
の中央に深さ0.8cmの切り
込みを入れる。

❺カットしたところに竹ぐ
しを転がして薄くし、②の
ワイヤーを上から差し込む。
花びらが少し閉じたもの、
開いたものなどを合わせて
1枝に5〜6輪作る。

② 半開花・つぼみ・がくを作る

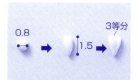

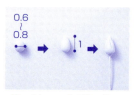

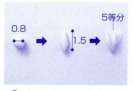

❶白い粘土0.8cm玉を長
さ1.5cmのなみだ形にし、
上を3等分にカットする。

❷小ぶりに広げ、花びら
の端中央をV字にカット
する。花びらを閉じぎみ
に仕上げる。

❸開花と同じように用意
した24番ワイヤーにペッ
プをつけず、上から差し
込む。1枝に3〜4輪作
る。

❹つぼみはごく淡い緑に
着色した粘土を0.6〜0.8
cm玉にし、1cm強のなみ
だ形にする。とがった方
を5等分にカットして閉
じる。26番ワイヤーに半
幅テープを巻いて6等分
し、フックしたものを下
から差し込む。1枝に4
〜5輪作る。

❺がくを作る。淡い緑の
粘土を0.8cm玉にし、長
さ1.5cmにして先を5等分
する。細工棒で広げる。

❻花びらの間にがくの先
端がくるように、花のワ
イヤーを上から差し込ん
で接着する。

③ 葉を作る

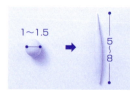

❶淡い緑の粘土を1〜1.5
cm玉にし、長さ5〜8cm
の両端のとがったなみだ
形にする。

❷軽くプレスして0.8cm幅くらいにし、26番
ワイヤーを4等分したものを葉の中心に当
て、さらにプレス。1〜1.5cm幅にし、縁を
薄くする。大・小合わせて10〜15枚作る。

❸托葉を作る。淡い緑の粘土を0.8cm弱の玉に
し、1.5cm長さのなみだ形にして2等分にカッ
トする。2枚を内向きに広げる。1枝に7〜8
個作る。

④ 仕上げる

花　白で地塗りし、花びらの下部に若草
色をぼかす。

花しん　黄色で地塗りし、山吹色で表情
をつける。

がく・托葉・葉　グレー系緑で地塗りし、
深緑で表情をつける。

写真を参照し、18番ワイヤーを添えて組
み立てる。托葉は、花の茎を2本ずつま
とめるとき、花の5cmくらい下につける。

どくだみの作り方

🌿 用具、粘土の扱い方の基礎は49〜51ページ参照。

材料（1枝分）

樹脂粘土…緑　2cm玉（花穂）・白　3cm弱玉（ほう）・緑＋深緑　4cm弱玉（葉）・淡い緑（葉の色を淡くする）　1cm玉（巻き葉）・黄色　2cm玉（花）

造花用ワイヤー…20番　1本（花の茎）・24番　5本（つぼみの茎・葉）・18番　1本（太い茎）

造花用テープ
　…ライトグリーン　半幅・広幅

油絵の具

① 花穂を作る

❶緑の粘土を0.8cm玉にし、長さ2.5cmの棒状にする。20番ワイヤーに半幅テープを巻き、4等分してフックしたものを差し込む。2本作る。0.5cm玉を長さ1.5cmにしたものも1本作る。

❷黄色で着色した粘土を半乾きにし、おろし金でおろす。花粉になる。

❸①にボンドをつけ、②をまんべんなくまぶしつける。

② ほう・つぼみを作る

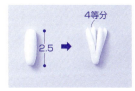

❶白い粘土1cm玉を長さ2.5cmのたわら形にし、上を深く4等分にカットし、細工棒で広げる。

❷大きい花穂の下にボンドをつけ、ほうの上から差し込んで接着する。2輪作る。

❸小さい花穂には、白い粘土0.8cm玉を長さ2cmにし、①同様広げたものをつける。ほうを閉じぎみに形づくる。

❹つぼみは白い粘土0.8cm玉を長さ1cmのなみだにする。24番ワイヤーに半幅テープを巻き、4等分してフックしたものを下から差し込む。1輪作る。

③ 葉を作る

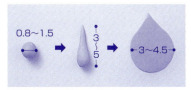

❶緑の粘土を0.8〜1.5cm玉にし、長さ3〜5cmのとがったなみだ形にする。プレスして幅3〜4.5cmにする。

❷あればどくだみの生葉の裏に押し当てて葉脈をつける。なければいちごの葉型を利用する。

❸葉の先をとがらせるようにカットする。

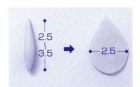

❹葉の根元を写真のように細くカット。24番ワイヤーに半幅テープを巻き、4等分したものを葉の下半分に当てて接着する。根元の細い部分はワイヤーに巻きつける。12〜13枚作る。

❺巻き葉を作る。葉の粘土に無色の粘土を少々混ぜて色を淡くし、0.8〜1cmの玉にする。長さ2.5〜3.5cmにし、幅2.5cmにプレスする。縁を薄くする。

❻縁に裏からフリルをつけたら、葉の上の方からくるりと巻く。24番ワイヤーに半幅テープを巻いて4等分し、フック部分を葉の下の方で巻く。3本作る。

④ 仕上げる

花穂　黄色で地塗りし、山吹色＋若草色を部分的に塗る。

ほう　白で地塗りし、下の方に若草色をぼかす。

葉　緑＋深緑で地塗り。中央の線と葉の外側にえんじ色をかける。

18番ワイヤーを添えて組み立ててから、茎、枝にもえんじ色を薄くかける。

作品22ページ

小菊の
作り方

💐用具、粘土の扱い方の
基礎は49〜51ページ参照。

材料（1枝分）

樹脂粘土…若草色　2cm玉（花しん）・黄
　色+山吹色　4cm弱玉（花・つぼみ）・
　緑+深緑　5cm玉（葉）・淡い緑（葉の
　色を薄めたもの）　2.5cm玉（がく）
造花用ワイヤー…22番　2本（花の茎）・
　24番ワイヤー　4本（つぼみの茎・葉）
　・18番　1本（中太の茎）・16番　1本
　（太い茎）
造花用テープ
　…ライトグリーン　半幅・広幅
油絵の具

① 花・つぼみを作る

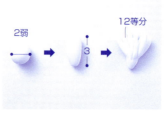

❶花しんを作る。若草色の粘土を0.8cm玉にする。22番ワイヤーに半幅テープを巻いて3等分し、フックしてボンドをつけたものを差し込む。

❷はさみで小さくカットしてギザギザをつける。6本作り、乾かす。

❸開花の内花弁を作る。山吹色を多めに混ぜ、濃い黄色にした粘土を2cm弱の玉にし、長さ3cmのたわら形にして12等分に深くカットする。

❹細工棒で花びらを広げ、さらに角棒を転がして縦の筋をつける。

❺花びらの間を深くカットする。

❻花しんの根元にボンドをつけ、内花弁の上から差し込み、手で押さえて接着する。

❼外花弁は2cmの玉を長さ3cmのたわら形にし、内花弁より少し大きく作る。⑥のワイヤーを上から差し込んで接着する。2輪作る。

❽少し小ぶりな開花も作る。1.5弱〜1.5cmの玉を長さ2cmにしてから12等分する。1輪作る。

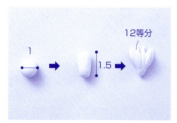

❾半開花を作る。黄色の粘土1cm玉を長さ1.5cmのたわら形にし、12等分して小さく閉じぎみに作り、②のワイヤーを上から通す。半開花はひとえにする。3輪作る。

❿つぼみは0.8〜1cm玉を長さ1.5cmのなみだ形にし、丸い方を12等分にカットして閉じる。

⓫24番ワイヤーに半幅テープを巻き、4等分してフックしたものを下から刺して接着する。2輪作る。

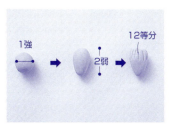

⓬がくは淡い緑の粘土を1cm強の玉にし、長さ2cm弱のなみだ形にし、太い方を浅めに12等分にカット。

⓭細工棒で広げて花の茎を上から差し込んで接着し、切り込みの間の筋をはさみで延長するように引く。

⓮がくの下の方に、花びらの数だけはさみで刻みを入れる。

② 葉を作る

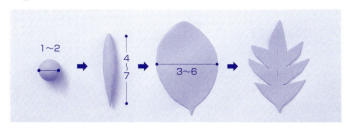

❶緑の粘土を1～2cm玉にし、4～7cmの下が細くとがったなみだ形にする。幅3～6cmになるようにプレスし、写真のように切り込みを入れる。

❷はさみで中央に1本筋をつけ、さらに葉の縁をギザギザにカットする。

❸葉の切り込みのところにストローを当て、型抜きするように丸く抜く。

❹いちごの葉型に押し当てて葉脈をつけ、さらに裏側から細工棒を当ててフリルをつける。

❺24番ワイヤーに半幅テープを巻いて4等分し、葉の真ん中くらいまで当て、後ろからつまんで接着する。

❻いろいろな大きさで、12枚くらい作る。

③ 仕上げる

花・つぼみ　山吹色で地塗りする。花びらの下半分にオレンジ色を塗り、さらに茶+オレンジ色を重ねる。花の中心部分は茶で色を濃くし、花びらの縁は少し白をぼかす。
花しん　若草色を塗る。
がく　グレー系緑+緑で地塗りし、下部は深緑をぼかす。
葉　緑+深緑で地塗りし、緑と青で表情をつける。中央に白い線を引く。
着色が済んだら、写真を参照して組み立てる。つぼみと半開花各1輪に18番ワイヤーを添えてまとめ、そのほかの部分と合わせてから16番ワイヤーを添えてまとめる。

作品27ページ

福寿草の作り方

❀用具、粘土の扱い方の
基礎は49〜51ページ参照。

材料（盆栽1鉢分）
樹脂粘土…若草色　1.5cm玉（花しん）・
　黄色　4cm玉（花）・緑＋茶　3cm玉
　（がく）・緑＋深緑　3cm玉（葉）・緑＋
　こげ茶　4cm弱玉（鱗片）
ローズペップ…1束

造花用ワイヤー…18番　1本（開花）・
　20番　2本（半開花・つぼみ）・26番
　2本（葉）
造花用テープ
　…ライトグリーン　半幅・広幅
油絵の具

① 開花を作る

❶若草色で淡く着色した
粘土を0.5cm玉にする。

❷18番ワイヤーに半幅テ
ープを巻いて3等分し、固
くフックした先を①に差
し込んで接着する。長さ
1cmのなみだ形にする。

❸上⅔をはさみで小さく
カットして刻みをつける。
乾かす。

❹ペップは頭に黄色を、
茎に若草色を塗る。束を
3等分し、上から1.5cmの
ところにボンドをつけ、
2cmのところを切り取る。

❺反対側も切り取り、花
しんを2つのペップでは
さむようにくるむ。3本
作る。

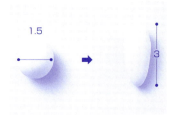

1.5　→　3

❻開花を作る。黄色の粘土1.5cm
玉を長さ3cmのなみだ形にする。

❼太い方を8つに深くカットし、
細工棒で広げる。さらに角棒で縦
に筋をつける。

❽はさみで花びらの間に深めに
切り込みを入れる。

❾さらに1か所を深く切
り、切ったところを開く。

❿2つに折り、上の花び
らの間に下の花びらが見
えるように重ねる。根元
の飛び出た部分はカット
する。同じものをもう1
つ作る。

⓫花の根元にボンドをつ
け、花しんの半分をくる
んで接着する。

⓬もう半分も花でくるむ。
花びらを少し内側に向け
形づくる。

⓭花が開きすぎないよう、
下向きにして乾かす。

② 半開花・つぼみを作る

❶黄色の粘土1.5cm玉を、長さ2.5cmのなみだ形にする。8等分にカットし、開花同様広げる。

❷1枚おきに花びらを内向きに閉じる。残りの4枚も閉じる。

❸20番ワイヤーに半幅テープを巻いて4等分し、フックする。ボンドをつけて②の花の下から差し込む。

❹さらにもう少し閉じた半開花も作る。合わせて2輪作る。

❺つぼみは黄色の粘土1cm玉を長さ2cmのなみだ形にし、先を8等分にカットする。カットした先を閉じ、半開花同様に20番ワイヤーを差し込む。3輪作る。

③ 葉を作る

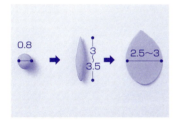

❶やや濃いめに着色した緑の粘土を0.8cm玉にし、長さ3〜3.5cmにする。幅2.5〜3cmにプレスし、縁をこすって薄くする。

❷いちごの葉型に押しつけて葉脈をつけ、葉を深く、細長いギザギザにカットする。

❸とがった葉先をいろいろな方向に向けて、もじゃもじゃした表情をつける。

❹26番ワイヤーに半幅テープを巻いて6等分し、葉の⅔のところまでつけ、裏からつまんで接着する。11枚作る。

④ 開花にがくと葉をつける

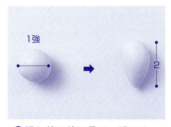

❶緑と茶の絵の具で、淡いカーキ色にした粘土を1cm強の玉にし、長さ2cmのなみだ形にする。

❷丸い方を8等分して広げ、開花の根元にボンドをつけ、上から差し込んで接着する。がくになる。

❸がくの表面に縦の筋をはさみで入れる。

❹がくを包むように3枚の葉を当て、半幅テープでしっかりと巻いて固定する。そのままテープを下まで巻き下ろす。

⑤ 鱗片を作ってつける

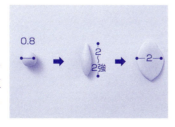

❶緑とこげ茶の絵の具を混ぜてくすんだ若草色の粘土を作る。0.8cm玉を長さ2〜2cm強のなみだ形にし、プレスして2cm幅にする。

❷細工棒で薄く伸ばし、縁に軽くフリルをつけてから、根元を後ろからつまむ。

❸つまんだところを指で押して平らにし、丸め棒でころっとした丸みをつける。

❹外側に縦の筋をはさみでつける。開花1輪につき5枚作る。

❺鱗片の内側の縁にボンドをつけ、葉の下を覆うように茎にはる。

❻少しずつずらしながら、5枚はる。

⑥ 半開花・つぼみを仕上げ、着色する

❶半開花もがくをつけて、葉を1枚と鱗片3枚をつける。鱗片は小ぶりに作る。

❷つぼみもがくをつけ、小さめの鱗片を2〜3枚はる。

❸着色して出来上がり。

花・花しん 花を黄色で地塗り。花しんに若草色を塗り、同じ色で花びらの奥も塗る。山吹色を花びらの縁から奥へ向かってところどころ塗る。ペップにも塗る。
葉 緑で地塗りし、青+緑で付け根の方を軽く塗る。
がく 上の方だけ茶を軽く塗る。
鱗片 若草色に茶を少し混ぜて地塗りし、緑をところどころ塗る。先を茶にする。

⑦ 盆栽仕立てにする

粘土とコーヒーかすの土台はとても簡単。福寿草をはじめ、好みの花で盆栽風に仕立てられる。数種類の花で寄せ植えにしてもよい。

盆栽仕立ての材料
好みの器、油粘土、コーヒーかす、木工用ボンド、ドライモス

❶出来上がった福寿草の花が納まる大きさの、少し深さのある器を用意する。

❷器の深さ⅔まで、油粘土を中高に詰め、ボンドをたっぷりとむらなく塗る。

❸コーヒーかすにボンドと水を混ぜて泥状にしたものをのせ、粘土を隠すようにのせる。

❹半乾きの状態になったら、花を植え込む。ワイヤーの下を大きめにフックする。

❺開花、半開花、つぼみの順にバランスよく植え込む。

❻ところどころにドライモスをかぶせ、表情をつける。乾かす。

出来上がり。

作品17ページ

ねじばなの
作り方

💚用具、粘土の扱い方の
基礎は49〜51ページ参照。

材料（1枝分）
樹脂粘土　白　1cm玉〔唇弁〕・ピンク
　（ごく淡くする）　2cm弱玉〔側花弁・
　背がく片〕・緑　2cm玉〔茎・葉〕
造花用ワイヤー　22番　1本〔茎〕・26
　番　2本〔葉〕
造花用テープ　ライトグリーン　半幅
油絵の具

① 唇弁を作る

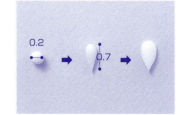  

❶白い絵の具を混ぜた粘土を0.2cmの玉にし、長さ0.7cmのなみだ形にし、指で平らにつぶす。

❷丸い方の縁を竹ぐしでひっかき、細かいギザギザをつける。

❸下を少しつまんでフリルをつける。1枝に15〜20個作り、乾かす。

② 側花弁と背がく片を作る

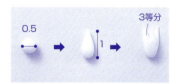 

❶ごく淡いピンクの粘土0.5cm玉を長さ1cmにし、とがった方を3つにカットする。竹ぐしで開く。

❷3つの花弁のうちの上1枚が背がく片、両わきの2枚が側花弁となる。唇弁の根元にボンドをつけ、写真のように中に差し込んで接着する。開花の出来上がり。

③ ほう・とがった部分・葉を作る

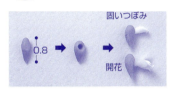 

❶緑の粘土を0.3cm玉にし、長さ0.8cmの下がとがったなみだ形にする。側面に竹ぐしの先で穴をあけ、開花にボンドをつけて、下向き加減に差し込む。固いつぼみは、白い粘土0.2cm玉を長さ0.5cmのなみだ形にし、ほうに差し込む。ほうがやわらかいうちに、組み立てていくとよい。

❷小さいほうは、緑の粘土0.3cm玉を長さ0.6cmの上がとがったなみだ形にする。花はつけない。

❸緑の粘土0.3cm玉を長さ1cm強の細い針状にし、縦に2つに切る。7〜8個作る。葉はひめゆり（57ページ）と同様に、1枝に5〜6本作る。

④ 組み立てる

❶22番ワイヤーに半幅テープを巻く。ワイヤーの上から3cmくらいのところから、開花のついたほうをらせん状に、花を上向きに接着していく。下の方は、わきにとがった部分をつける。

❷先の方は、固いつぼみをつけたほうをつけていき、先端は花のない小さいほうをとがった方を上にしてつける。

⑤ 着色する

花　側花弁と背がく片の外側に、ピンク＋紫系ピンクを薄くかける。唇弁は白を塗る。
ほう・葉・茎　ほうと葉は緑で地塗りし、深緑で表情をつける。えんじ色を葉と茎のところどころに薄くぼかす。

写真を参照して組み立てる。

作品28ページ

雪割草の作り方

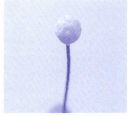

🌱用具、粘土の扱い方の
基礎は49〜51ページ参照。

材料（1枝分）

樹脂粘土…紫　3cm弱玉（花）・若草色
　1cm玉（花しん）・緑+深緑　3cm弱玉
　（葉）・淡い緑（葉の色を薄くしたもの）
　1.5cm玉（がく）

極小ペップ…1束

造花用ワイヤー…24番　4本（花・葉の
　茎）・26番　1本（つぼみの茎）

造花用テープ
　…ライトグリーン　半幅・広幅

油絵の具

① 開花を作る

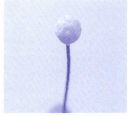

❶24番ワイヤーに半幅テープを巻いて3等分し、フックする。若草色の粘土を0.5cm玉にしてフックの先を差し込み、上から半分まではさみで細かい切り込みを入れる。

❷極小ペップ30本を、高さを少し不ぞろいにして持ち、上から約1cm下にボンドをつける。

❸ボンドの下でカットし、①の花しんの周りにはる。

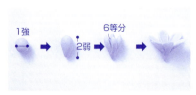

❹開花を作る。紫の粘土を1cm強の玉にし、長さ2cm弱の下がとがったなみだ形にする。上を6等分にカットし、細工棒で広げる。

❺丸め棒で花びらに丸みをつける。

❻花しんのワイヤーを上から差し込んで接着する。4輪作る。

② 半開花・つぼみを作る

❶極小ペップを10本の束にし、頭を不ぞろいにして持つ。上から1cm下にボンドをつけ、ボンドの下でカットする。開花同様に準備した24番ワイヤーのフックのまわりにつける。

❷半開花は紫の粘土0.8cm玉を長さ1cm強のなみだ形にし、丸い方を6等分して開く。花びらを一方方向に追いかけるように重ねてすぼめ、①のワイヤーを上から差し込んで接着する。2輪作る。

❸26番ワイヤーに半幅テープを巻き、6等分してフックする。つぼみは紫の粘土0.5cm玉を長さ0.8cmのころっとしたなみだ形にし、丸い方に下からワイヤーを刺して接着する。4輪作る。

③ がくを作る

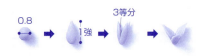

❶淡い緑の粘土0.8cm玉を長さ1cm強のなみだ形にし、とがった方を3等分して広げる。

❷花の根元にボンドをつけ、がくの上から差し込んで接着する。半開花、つぼみには小ぶりのがくを同様につける。

④ 葉を作る

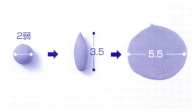

❶24番ワイヤーに半幅テープを巻き、4等分する。緑の粘土を2cm弱の玉にし長さ3.5cmのなみだ形にする。幅5.5cmくらいの横幅の広い形にプレスする。

❷葉に竹ぐしで三つ葉の輪郭を引き、その線に沿ってはさみでカットする。

❸葉の裏から軽くフリルをつける。ボンドをつけたワイヤーを葉の中心に⅓くらいつけ、裏からつまんで接着する。はさみで葉脈をつける。大きい葉になる。

大・小、いろいろな大きさで1枝に6〜7枚作る。

⑤ 仕上げる

花 白と紫を混ぜて地塗りし、紫と青を混ぜて外側を塗る。内側は奥の方だけえんじ色と紫を混ぜて塗る。花しんのところどころと、ペップの先に白を塗る。
葉 緑とグレー系緑で地塗りし、中央は緑と青で濃くする。縁はところどころに紫を塗る。
がく 緑とグレー系緑で薄く地塗りし、下の方は緑を塗る。
着色が済んだら、写真を参照して組み立てる。

作品26ページ

くちなしの実の作り方

🌸用具、粘土の扱い方の基礎は49〜51ページ参照。

材料（1枝分）
樹脂粘土…オレンジ色+山吹色　3cm玉
　（実）・緑　2cm玉（実）・緑+深緑　4
　cm弱玉（葉）
造花用ワイヤー…22番　1本（実の茎）
　・24番　5本（葉の茎）・18番　1本
　（太い茎）・16番　3本（リース用）
造花用テープ
　…オリーブグリーン　半幅・広幅
油絵の具

① 実を作る

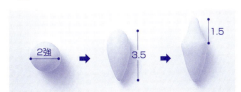

❶22番ワイヤーは半幅テープを巻いて4等分し、フック。オレンジ色と山吹色で淡く着色した粘土2cm強の玉を作り、長さ3.5cmのなみだ形にする。丸い方の先を1.5cmの長さにつまんで引っ張る。

❷引っ張った部分を6等分にカットし、竹ぐしで広げる。

❸6等分の切れ目を下に延長するように、ピンセットで粘土を寄せて筋をつける。

❹ワイヤーのフックにボンドをつけ、実の下から差し込んで接着する。6等分したところは指で外側に反らせるよう形づくる。2つ作る。

❺緑の実は、緑の絵の具で淡く着色した粘土2cm弱の玉で小ぶりに作り、オレンジ色の実同様にワイヤーを刺す。1つ作る。

② 葉を作る

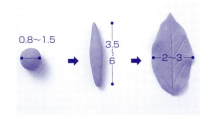

❶緑と深緑の絵の具を混ぜた粘土0.8〜1.5cm玉を、長さ3.5〜6cmのなみだ形にし、幅2〜3cmにプレスする。竹ぐしで葉脈を描き、裏からフリルをつける。

❷24番ワイヤーに半幅テープを巻いて4等分し、葉の中央に半分までつけ、裏からつまんで接着する。大・小合わせて1枝に16〜18枚作る。

③ 仕上げる

オレンジ色の実 オレンジ色を地塗りし、朱色とえんじ色で表情をつける。実の先の部分は若草色+緑少々を塗る。
緑の実 若草色で地塗りし、緑をぼかす。
葉 緑で地塗り。青と緑で表情をつける。写真を参照し、18番ワイヤーを添えて組み立てる。リースにする場合は、広幅テープを巻いた16番ワイヤー3本で輪を作り、5〜6枝を半幅テープで巻いた24番ワイヤーで止めながら形づくる。

作品23ページ

みずひきの
作り方

🐭用具、粘土の扱い方の
基礎は49〜51ページ参照。

材料（2枝分）
樹脂粘土…緑（淡くする）2cm強玉
（花）・緑+深緑 6cm強玉（葉）・淡い緑
（葉の色を薄くしたもの）3cm玉

造花用ワイヤー…24番 4本（茎・葉）
・18番 1本（太い茎）
造花用テープ
…ライトグリーン 半幅・広幅
油絵の具

① 花を作る

❶緑の絵の具少々を粘土に練り込み、ごく淡い緑にする。0.2cmの玉を長さ0.7〜0.8cmのなみだ形にする。上をとがらせ、下は少し丸くする。

❷1本につき30〜50個、たくさん作って乾かしておく。

② 茎を作り、花をつける

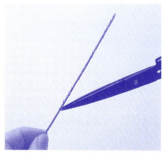

❶24番のワイヤーはテープを巻かず、1本は2等分、1本は3等分にカット。長い方には淡い緑の粘土1cm弱玉を長さ6cmに伸ばしたものを、ボンドをつけて接着し、転がして粘土を伸ばしつける。短い方は0.8cm玉を長さ5cmにしたものを同様につける。

❷茎の上から順に、はさみの先で上向きの刻みを小さく入れる。

❸花のつぶの丸い方にボンドをつけ、とがった方を下向きにして刻みのところにつける。上の方は小さい花、下へ行くにつれて大きい花をつける。ところどころ、花が落ちて欠けているところを作ると表情が出る。

④ 仕上げる

花 細筆を使い、先端を残してピンクを塗り、ぼたん色を重ねる。
葉 緑で地塗りし、緑+青で下の方をぼかす。
着色が済んだら、写真を参照し、18番ワイヤーを添えて組み立て、葉や茎にえんじ色をところどころぼかす。

③ 葉を作る

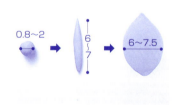

❶緑の粘土を0.8〜2cm玉にし、長さ6〜7cmにする。幅6〜7.5cmにプレスし、縁を薄くする。

❷あればあじさいなどの生葉か、いちごの葉型の裏に押し当てて葉脈をつける。裏側から縁にフリルをつける。大2・中2・小6枚作る。

❸24番ワイヤーに半幅テープを巻き、4等分したものと6等分したものを作る。長いものに大・中の葉を、短いものに小の葉を葉の半分くらいまでつけ、裏からつまんで接着する。

作品29ページ

やぶこうじの
作り方

🌿用具、粘土の扱い方の
基礎は49〜51ページ参照。

材料（5枝分）

樹脂粘土…ぼたん色+朱色　3cm弱玉（実）・
　　緑+深緑　4cm玉（葉）
造花用ワイヤー…26番　10本（実の茎・葉・わき芽）
　　・18番　3本（太い茎）
造花用テープ…ライトグリーン　半幅・広幅
油絵の具

① 実を作る

❶26番ワイヤーはテープを巻か
ずに6等分する。カットした状態
で15本用意。赤い粘土を0.7〜0.8
cm玉にする。ワイヤーの端0.8cm
のところにボンドをつけ、実に刺
す。

❷ワイヤーの先を0.2cm出して接
着する。1枝に3個、5枝で15
個作る。

② 葉を作る

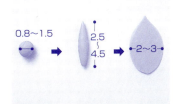
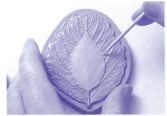

0.8〜1.5　2.5　4.5　2〜3

❶26番ワイヤーは半幅テープを
巻いて6等分する。緑の粘土を
0.8〜1.5cmの玉にし、長さ2.5〜
4.5cmのなみだ形にして、幅2〜
3cmにプレスする。

❷いちごの葉型に押しつけて葉
脈をつけ、縁を竹ぐしで引っかい
てギザギザをつける。

❸裏から細工棒でフリルをつけ、
縁を薄くしながら少し幅を出すよ
うに形づくる。ボンドをつけたワ
イヤーを葉の中心に半分まで当
て、裏からつまんで接着する。

❹いろいろな大きさで、1枝に
6枚作る。

③ 芽を作る

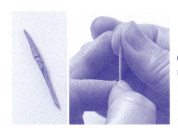

❶広幅テープをしんを入れずに斜
めに固く巻く。

❷余分のテープをカットし、長さ
3cmにする。枝の先端の芽にな
る。1枝に1本作る。

❸わき芽を作る。26番ワイヤーに半
幅テープを巻き、長さ3cmにカット。
ワイヤーが見えないように、先を手
でつまんでテープの端をとがらせ
る。1枝に2本くらい作る。

④ 仕上げる

実　ぼたん色と朱色を混ぜて塗
り、茎は実のすぐ下のところにえ
んじ色をぼかす。実は下向きにな
るようワイヤーを曲げる。
葉　緑で地塗りをし、緑+青で葉
の下から真ん中あたりまで表情を
つける。葉の中央に白い線を引く。
ところどころにえんじ色をぼか
す。
写真を参照し、18番ワイヤーを添
えて組み立てる。最後に茎、芽に
えんじ色をうっすらとぼかす。

おわりに　本書は、著者として期待以上のとても充実した内容に仕上がりました。
　　　　スタッフの皆様の、本に対する大きな情熱と、小さな花の作品への愛情の賜物です。
　　　　心躍る思いで、仕事をご一緒しながら、「これは、読者の皆様にきっと喜んでいただける本になる」と確信をもちました。
　　　　おしゃれ工房編集部の草場道子様、編集協力の奥田千香美様、写真家の吉田篤史様、対馬一次様、
　　　　ブックデザイナーの竹盛若菜様、スタイリストの井上輝美様に、心よりの感謝をささげます。

川口紀子　東京生まれ。夫の海外赴任に伴いクアラルンプール、シンガポール、ロンドンなどに在住し、ハンディクラフトを研究。1983年にアート・クラ
（かわぐち・のりこ）フト"ブルームN"を創立、主宰となる。国内外での作品展や講習会などの活動を行っている。著書は『焼かずにできる　花と人形の粘土工芸』
『細工がしやすく、焼かずにできる　花のポエム粘土工芸』『粘土でつくる　かわいい猫・ねこ・ネコ』（すべて小社刊）ほか多数。おしゃれ工
房講師、NHK文化センター講師。

教室・お問い合わせ先
〒151-0053　東京都渋谷区代々木2・23-1-750
TEL 03（3370）9380
〒359-1111　埼玉県所沢市緑町1-20-1-803
TEL/FAX 042（924）5966

ブックデザイン　竹盛若菜
　　　　撮影　吉田篤史（カバー、口絵）
　　　　　　　対馬一次（作り方）
スタイリング　井上輝美
作り方解説　奥田千香美
　　　　校正　広地ひろ子
　　　　編集　草場道子
　撮影協力　プロップス ナウ　TEL 03（3473）6210

NHKおしゃれ工房
樹脂粘土でつくる　野に咲く小さな花

2002（平成14）年　10月15日　第1刷発行

　　　著者　川口紀子
　　　　　　©2002　Noriko Kawaguchi
　発行者　松尾　武
　発行所　日本放送出版協会
　　　　　〒150-8081　東京都渋谷区宇田川町41-1
　　　　　TEL 03（3780）3310（編集）
　　　　　TEL 03（3780）3339（販売）
　　　　　http://www.nhk-book.co.jp
　　　　　振替　00110-1-49701
　　　印刷　廣済堂
　　　製本　秀和

ISBN4-14-031115-0 C2072
Printed in Japan